約束の言葉への信仰

ローマ書講解説教

喜田川 信

教文館

序　文

ローマの信徒への手紙の講解説教集は先年出しましたが(『希望の神——ローマ書による』新教出版社、一九七九年)、あまりに不十分と感じられたので、今回新しく書きました。

六十余年の牧会を今年でやめ、退職しようと思うので、この書は横浜ナザレン教会の会員諸氏に捧げたいと思います。全会員にとって本書が有意義な指標となるならばうれしいことです。六十余年も牧会できたことは会員諸氏の温かい支えがあったからこそで、主の憐れみ、導きと共に深く感謝しています。

二〇一六年四月

喜田川　信

目　次——**約束の言葉への信仰**

装幀　熊谷博人

イエス・キリストの僕

ローマの信徒への手紙一章1―7節

ローマの信徒への手紙が新約の中で最も神学的で、福音を全体的かつ理論的・系統的に語る極めて独特で重要な手紙であることは言うまでもありません。したがって古来第一級の神学者や思想家、そして教会史上指導的な多くの人々が好んでローマ書について書いてきました。例えばアウグスチヌス、トマス・アクィナス、ルター、カルヴァン、ウェスレー、現代ではカール・バルト、ブルンナー、アルトハウス、ニイグレン、C・H・ドッド、バレットなど、そして日本では神学者ではないがすぐれた信仰者で指導的宗教家の内村鑑三のものなどが有名です。この数千年の間世界中で、これほど全世界と人類に深甚な影響を与えた書物はないと言っても過言ではないでしょう。したがってローマ書は決して単なる神学書ではないのです。学問のある人もない人も心を震撼させ、生かしてきたのです。それだけパウロは偉大な人物でした。

聖書学者ダイスマンの言葉によれば、冒頭の挨拶のところで最も注目されるのは、パウロが他のすべての手紙とは異なり、同僚の名前を一切挙げず、自分一人だけの手紙であることを明確に主張していることです。これは、彼がローマの教会とこれまで一切関係がなく、したがってこの未知の人々に自分を紹介しなければならなかったということです。そして言うまでもなく、ローマの教会にもエルサレムからユダヤ主義的・律法主義的なキリスト者たちがやって来て、パウロを誹謗《ひぼう》し、攻撃し、彼らに誤解を与えていたのです。別の角度から言えば、ローマ教会ではパウロの主張、信仰の本質が長い間知られていなかったのです。直接会ったことがないのですから。

そして根本的には、パウロは自分が異邦人の伝道のために特別に神に選び出され、福音の本質、正しい福音そのものを直接神から与えられたと確信していました。この「福音」という独立した名詞の使い方は、主としてパウロに由来していると言われます。他にも福音という語の用例はあるものの、それが単にキリスト教の教理の概要といった意味以上の特別な用い方をされているのはパウロからだとされているのです。

パウロはこの「福音」という言葉の中に、歴史上で一度限り神が罪人を救うために人となった出来事、つまり十字架においてあらわにされている人間とこの世の、何ものによっても除かれえない悪・罪・矛盾・虚無を復活を通してとり除き、それらに勝利したもうたという出来事を、言い換えればイエス・キリスト御自身を言い表しているのです。神御自身がこの福音の根本的な意味を彼パウロに、その心の奥底に、ダマスコ途上で示してくださった。それによって律法によらない救いを異邦人に開いてくださった。パウロはそのために自分が選ばれたという明確にして強烈な確信と使命感を持っていたのです。

これは何か人間的にあまりに傲慢な自信のように聞こえますが、これを避けるため、彼は自分をまずイエス・キリストの僕《しもべ》（奴隷）と表現しているのです。

奴隷とは何でしょう。当時において奴隷は主人に生殺与奪の権を握られ、一切を主人にまかせ、主人の望むままに働き生きるほかはない存在でした。自分には何もなかったのです。これをパウロはイエス・キリストとの関係に当てはめています。自分は無であり空しく、主キリストが私のすべてである。自分は主キリストの意のままに生き、そして生かせていただくほかはない。それが福音なのです。決して思想や観念ではありません。したがってパウロはこの手紙で、自分を奴隷と表現せざるをえなかったのです。ローマの人々にそう自分を紹介するほかなかったのです。

3、4節で彼はこの内容——イエス・キリストの存在——を少し具体的に記しています。

彼は明確に自分の使命を自覚していました。それは、彼はイエスの他の一切の弟子たちや十二使徒と違って、これまでの生き方を全く逆の方向へ変えられたからです。

彼はファリサイ人の中のファリサイ人として、ラバン・ガマリエルの下で数年間徹底的に旧約と律法を研究し、しかもそれを他の人にまさって徹底的に実践しようと努力した人物でした。律法による救いの道を頂点までのぼろうとしたのです。それゆえ彼は、キリスト教の恐ろしさ、福音の危なさを誰よりも分かっていました。それは律法による救いの道を徹底的に破壊するものだったのです。そのためキリスト者たちを迫害し、絶滅しようとしました。しかし、神とキリスト御自身が彼の心の底に語りかけたとき、雷で打たれたように彼は倒れました。それは言い換えれば死んだということです。

彼はイエス・キリストの赦しの声を聞いたとき、今までの生き方そのものが神への反逆、罪であることを悟り、生き方を逆の方向に転換させたのです。この、自分を徹底的に打ち、そして生かすキリストの業――十字架と復活――、これが福音であり、神の大能の業であることを骨の髄まで悟りました。そしてこれこそが異邦人伝道を可能とさせる土台であることをも悟ったのです。

だから自らを神に選ばれた使徒と呼ぶことをはばかりませんでした。このパウロが自分をローマの人々に紹介し、福音自身を彼らにぶつけようとしているのです。

このパウロの必死の思い、切なる願いをローマの人々は理解したのでしょうか。いずれにせよ、それは大きな衝撃と印象を与えたに違いありません。だからこの手紙が今まで残っているのです。

（二〇〇六年一月一五日）

義人は信仰によって生きる

ローマの信徒への手紙一章8―17節

8―15節は16―17節の序論であり、パウロがローマの教会の人々に、彼が主から受けたこの「福音」をどうしても伝えたいという熱情を表している箇所です。

この福音は、単なるキリスト教の教理ではなく、神の力でありその力の実現です。難しい言葉で言えば、旧約で待望されている、終末に神が成就される神の力の約束がイエス・キリストにおいて今すでに与えられ、その意味で終末の神の国がすでに始まっている、いや先取りとして根本的に実現されているというのが福音――よきおとずれ――なのです。律法によらずイエス・キリストの十字架と復活において与えられているというこの福音を、彼は神とキリストから与えられたと固く信じているのです。

これをすべての人々、ギリシャ人であろうが未開の人々であろうが、知恵ある人だろうが無教育の人であろうが、世界のすべての人々に宣べ伝える責任が自分にあると彼は語るのです。だから無名の、かつ無力な粟粒《あわつぶ》のような一人の人間であっても、世界の中心であるローマへ宣べ伝えなければならないと、彼は大胆に思い定めていました。それはローマから全世界に対し、神の力、福音を宣言し、他のすべての思想家と対決できると考えたからです。これは大変なことですね。神の計画は人の思いを超えるものです。

例えば日本にキリスト教を伝えたのは、カトリックのイエズス会のフランシスコ・ザビエルでした。その少し前ルターによる宗教改革が始まり、プロテスタントの教会が激しい攻撃をローマ・カトリック教会に向けました。この危機において対抗宗教改革（カウンター・リフォーメーション）という運動がカトリックの中で起こり、その一つがイグナティウス・ロヨラの始めたイエズス会でした。彼らはちょうど当時スペインとポルトガルが世界中を航海し植民地化を進めていたのにのっかり、世界各地に伝道したのです。その一人がザビエルでした。

さらに近代においてプロテスタントが世界に伝道を進めるきっかけは、アメリカやイギリスでピューリタン的ファンダメンタルな教会が衰退していたのに彼らは危機感を抱き、その打開のためアフリカや東洋に宣教師を送ったことです。維新期の日本も同じでした。そしてそのピューリタン的ファンダメンタルな信仰が今日問われています。不思議なものです。神の計画は人の思いを超えるものです。

さて、本論に入りましょう。パウロは「福音を恥としない」と言います。この言葉の背後には、福音を恥とする世の傾向が強くあったに違いありません。

まずユダヤ人として、イエス・キリストを信じるということは、律法と神を冒瀆して、神に呪われ十字架の死を遂げたと考えている多くのユダヤ人の中で、確かに恥と思う雰囲気がありました。さらに異邦人社会では、キリスト教は全く異質と思われ、人々はキリスト者を愚かな、またつき合えない人間と見ていました。そのうえキリスト教会でも、律法主義的ユダヤ的キリスト者やグノーシス的霊的キリスト者たちは、パウロ的信仰を間違ったもの、低級なものと見下していたのです。

このような中でパウロは、私はキリスト教を恥としないと言っているのではなく、福音を恥としないと言っているのです。なぜなら福音は、すべての人をその縄目――罪と死という縄目――から解放する神の力だからです。

17節は歴史上多くの誤解を生み、激しく論争されてきました。神の義という言葉についてです。

宗教改革を行ったルターはこの言葉に苦しんだと言われています。「福音には、神の義が啓示されている」というくだりを、福音に神の義が最も徹底的に深く正しく示されたと解し、神の義、つまり正義を神の清い御心と解し、したがって神は福音において人間の心の奥底を照らされ、人間の最も奥底の罪を暴露し、それを裁き、そして聖なる心に変えようとしたもうと解して苦しんだのです。なぜならルターは修道院において、神を愛そうとする心の底に結局は自分を愛し、自分のために神を愛そうとする罪深い心がひそんでいることに、祈りの生活の偽善に苦しんだからです。そしてその苦しいたたかいの末、彼は心の底に、どこまで行っても自分は罪人にすぎず、ただイエス・キリストの赦しの恵みによってだけ生きるという確信に導かれ、そして宗教改革者となったのです。

そのたたかいの中で彼は、パウロのこの神の義とは罪人を裁く義でなく、罪人を救う義であり、神からイエス・キリストにおいて罪人に与えられる賜物であり、そのようにすることによって神は自らの義を完成したまうのだと解するようになったのです。

この解釈がパウロ自身のものであることは現在広く承認されています。これはすばらしいことですが、ここで一つ問題が起こりました。それは、ルター自身は深い心の葛藤を通って到達したのですが、このキリストの恵みによってのみという教理が独り歩きし、ともすれば安易に受け取られ、カトリックもプロテスタントも福音というものを個人の心の中の問題、罪意識とその克服ということだけに狭めてしまう傾向を生んだということです。パウロはそれを防ぐために、福音は「神の力」であると言っているのです。

それは教え、教理でなく、神の絶大なる行為、神の力なのです。個人の心の救済だけでなく、この世全体と、私たち罪人全体を神がイエス・キリストの十字架と復活において罪と死から解放し、律法という主人からイエス・キリスト＝福音という主人に変えてくださった、この世と和解してくださった、その力なのです。だから福音は罪の赦しを約束すると共に、イエス・キリストを私の主、主人となしたもう力なのです。

だから私たちは、神の絶大なる恵みに生かされ、この恵みに応えて奉仕する使命も同時に与えられています。だから信仰とは、ただある教えを受け入れるということだけでなく、福音において表された神の約束の力、福音そのものを心から受け入れ、その前に「アーメン」と言うことです。

だからここで福音と信仰が対《つい》になって記されています。福音のみ、信仰のみです。正しい者とは福音の前に「アーメン」と応える者のことです。すべてのキリスト者を指しています。

（二〇〇六年一月二二日）

神を神とする

ローマの信徒への手紙一章18―32節

人間とは一体何でしょうか。儒教では人間性善説と性悪説とがありました。しかし人間的に言うならば、そのどちらかが正しいと言うわけにはいかないでしょう。人間は元々善いものなのでしょうか。

よく人間を信じるという言葉がありますが、それはそれでヒューマンなことと思いますし、大切な意識と思います。しかし人間は根底から絶対正しいと言い切れるかどうか、これはそんなに単純な問題ではないでしょう。むしろ人は性善でもあり性悪でもあると言った方がよいでしょう。確かにこの世には善い人があり悪い人がいます。そうしたことを決して無視したり否定することはできません。しかし人間を善玉か悪玉に分けてしまうことは往々にして浅薄なことになりかねないでしょう。

（私は日本映画にもそういった問題があるのではないかと思うことがあります。刑事物でも時代物でもそういうのが多いですね。善玉と悪玉を分け、極端に悪い奴を設定して正義の士をそれに立ち向かわせるといった、何かきれいごとでセンチメンタリズム（浪花節）といった図式が感じられます。もちろんそうしなければ面白くないということでしょうが、しかし人間の見方の底の浅さがその背後にあるのではないでしょうか。海外の映画でも善玉悪玉が出てきますが、よりヒューマンな感じがするのは、その背後にキリスト教的ヒューマニズムがあるからではないだろうかと思います。）

さて、ここでパウロは、すべての人は心の底で神というものを知っている、そして知っていながらこれをあがめようとしないと言っています。これは本当でしょうか。

古代ギリシャの哲学者、例えばソクラテスは、人間は元々真理（＝神）を知っていると説きます。人間の魂は元々真理の世界――イデアの世界、神々の世界――に住んでいたが、なぜかこの現象の世界に墜落し、肉体の牢獄の中に閉じ込められて、物質や肉を求めその中に埋没してしまった。しかし魂は元々天上から来たものだから、心の中でそこへ帰りたいという衝動を持っている。ここに教育というものがあると言ったのです。

彼は教育というものを、外から何かの知識を与えるというよりは、人間（弟子）が元々自分の中に持っている知識を引き出してやることであり、肉の中に埋もれている魂の眠りをさまさせて、昔イデアの世界にいたときに持っていた真理の知識を思い出すようにさせることだと考えたのです。ソクラテスは、人間が正しくないことをするのはその人に知識が欠けているからであり、その人が本当の知識（真理）を分かってくればその人は正しい行為をすることができるようになる、人は無知だから悪さするのだ、と言ったのです。

この考え方をずっと後の哲学者であるキェルケゴールは批判しました。彼はキリスト教的観点から、人間は自分の中に真理（または神）を持ち、それを思い出せばいいのだとか、あるいは人間は正しい知識をつかめば正しく行為でき、正しい人間になれるなどとは決して考えませんでした。

ギリシャ人にとって、神とは決して人格神ではありませんでした。神を持つことと真理を知ることとは同じことだったのです。しかしキリスト教においては、神は人格神であり、神の前に人間も自由と責任を持つ人格者として創られており、だから罪とは決して無知というものに解消してしまうものでなく、むしろ神への意志による反逆、反抗であると考えます。したがって人はどんなに瞑想しても真理や神に達しえないのです。だから神自身が人に働きかけて己の罪を外側から知らせてくださらなければ、人は真理どころか自分の罪さえも知ることはできません。ただ神が自らを現し、そして人の心を照らしてくださるときだけ、人は信仰をもってそれに応え、己が罪を知り、そして神の赦しを通し、神と交わり、神の前に立つ――正しき者として――ことができるのだと、キェルケゴールは主張しました。

神への反抗は、神を知ろうとしないこと、神を神としないこと、自分の被造物であることを否定し、乗り越えようとすることです。それはすなわち、神を礼拝しないことなのです。知りたくない、知ろうとしないということは、実は心の奥底では知っているのだとキェルケゴールは言ったのです。何々の宗教とか何々の神とか言うのでなく、人はすべて神に創られたものとして心の奥底でそれを知り、そのもとに帰りたい心を持ちながら、しかも神を知りたくないという反発の心を持っていると言うのです。

(人間が創った神ならその神の本質は元々人間の欲望、願望なのだから深い意味で反発する必要はないのです。しかし本当の神に対しては人は心の底に深いあこがれと、しかも反発を持っているのですね。)

パウロはここでまず異邦人のことを述べています。彼らは真の神を礼拝しようとしない。(そして己を神としている。)自分の願望、欲望を神として拝んでいる。その結果、人間より劣った動物を拝している、と言うのです。これらの宗教理念はユダヤ教が軽蔑し攻撃していたものでした。確かに当時はいろいろな宗教が動物とか男性シンボルとかそうしたものを礼拝していたのでしょう。

しかしパウロは、そうしたものは人が真の神を離れた結果だと言うのです。人は神を離れるとき、何かを神としないではいられないのです。人間の生き方というものは、その人を支配するもの——その人の神——が何かということで変わってゆくものでしょう。神を神とし、神を礼拝するということは、単に何々宗教とか何々信心とかいうことにとどまりません。それは人間の根本的なあり方にかかわっているのです。

（ですから、教会での礼拝ということは非常に大切なことなのです。それは第一に私たちの気持ちを爽やかにしてくれるとか、私たちを恵まれた心にしてくれるとか、そういったためではありません。それは結果にすぎないのです。礼拝の目的はあくまで神を拝することです。主人公は神で私たちはその僕なのです。ドイツ語では礼拝をGottesdienst（神奉仕）と言います。神に奉仕するのが礼拝であり、人間が主人公で、神に恵んでもらい、満足するためのものではありません。この点をしっかりつかんでおくことが大切です。）

人はすべて神に創られたものであり、その存在は神の御手にあります。また神は救い主としてイエス・キリストを通し、私たちを再び己のもの、己の子として迎えてくださいました。この神に感謝し、この神を信頼し、この神に従い、この神を神とあおぐということが礼拝です。

（すべての人が神を礼拝すべきですが、そうはなっていないのです。キリスト者はすべての人に代わって、神の民としてこの世のただ中で神を礼拝し、そうして生活します。そのため、イエス・キリストの復活の日曜日に、すなわち週の初めに集い、神が私たちの創り主、全世界の主であること、そして私たちの人生が神にかかっていること、神の愛と赦しにかかっていることを告白するのです。そして、すべての人がこのことを知り、神を礼拝することができるようにとりなしを祈ること、それが礼拝なのです。）

さて、一章の終わりでは、異邦人の社会の悪が、性的倒錯（同性愛）と対人的エゴイズムとしてえがかれています。こうしたものは偶像礼拝とともにユダヤ人の攻撃してやまないものでした。確かにそういう事態があったのでしょう。この倒錯は、神の罰でなくその結果であると言うのです。

同性愛に関しては今日盛んに論議されています。アメリカでは教会の牧師に同性愛者がおり、それを認めるかどうかの論議がされています。私はこれについて何も言う資格はありません。当時の社会には――今もそうでしょうが――そういうものがみなぎっていたのでしょう。しかしこの問題は今日では非常に変わってきています。これを単に倒錯と言えないのかもしれません。

ここで私たちが注意しなければならないことは、パウロが最後に悪徳表（罰の結果）を挙げ、その根本は人間のエゴイズムに基づくもので、単に人間間のコミュニケーションのできていないこと、社会混乱と見ていないことです。それは今日の現状とあまりに符合しているのではないでしょうか。

パウロはそれらをユダヤ人と共に批判していたことは事実ですが、しかしここでの重点は、それを批判し、自分は彼らとは違う人だと自負しているユダヤ人たち自身、神の前では彼らが軽蔑する異邦人と同じではないか、と弾劾している点であることを忘れてはなりません。

ここにパウロは、イエス・キリストを通し、罪というものを深く見たのです。そしてイエス・キリストによらなければ罪からの解放はないことを見たのです。ここにユダヤ教の律法主義とパウロの福音の根本的な違いがあります。

私たちはこの世の具体的な諸々の罪や悪を深く直視し、これを批判しなければならないと共に、自分たちも根本では同じ罪人だという観点から、一切を捉え、見つめて行かなければならないと思います。

（一九八四年九月二三日）

十字架に生きる

ローマの信徒への手紙二章1―11節

パウロは二章において、突然ユダヤ人に立ち向かうのです。一章でパウロは周囲の異邦世界の腐敗と倒錯、混迷について語り、それをユダヤ人と同様に厳しく非難しました。これだけならばユダヤ人たちはパウロを何ら攻撃することなく、全くの仲間とみなしたでしょう。しかしパウロのすべてをながめる基準は、ユダヤ教とは全く違っていたのです。

4節から考察を始めることにしましょう。ここでパウロは「神の憐れみ」、「慈愛と寛容と忍耐」について語っています。そして人間がその神の憐れみと忍耐の前に立つとき、今の自分を恥じ、悔い改めてよりよく律法を守ることができるように心を変えてゆくことを述べています。ユダヤ人は全くその通りだと思ったでしょう。ユダヤ人とても、過去のイスラエルの歴史が汚辱にまみれ、神がそれを裁かれたこと、しかしそれでも寛容と忍耐と憐れみをもって、彼らを導いてこられたことを知らないわけではなかったからです。それゆえ今は、できるだけ律法を守って生きようという運動をしているとユダヤ人は考えました。

そのため、5節で言われるような「神の怒り」は、自分たちユダヤ人に対してより、むしろ神を知らず、神の憐れみの下にあることを全く自覚せず、自分の欲望を神としている異邦人に対して下されているのだと考えていたのです。

しかしパウロはそのような独善的考えとは全く違っていました。ここでの「神の怒り」とは、世の終わり（終末）における神の最後の審判を指しており、その審判の前ぶれとして現在の神の怒りと裁きを見ているのです。このことはユダヤ人も同じですが、違う点は、この裁きはイエス・キリストの十字架において示され、その忍耐と赦し、神の憐れみはイエス・キリストの十字架と復活を通しての神の赦しの愛において示されているとしている点です。神はその長い忍耐と寛容と憐れみの末、己が罪を真に悟らない、すべての人の心の奥底にある罪を決定的に暴露し、それを裁き、しかもそれと同時に徹底的な愛と赦しを示してくださったのです。

これはパウロにおいては、世の終わりの最後の審判がイエス・キリストにおいてすでに前もって実現されたこと、裁きが行われたことを意味していました。この神の義の前に立つとき、何人《なんぴと》も己が義を神の前に持ち出すことはできないのです。この神の義の前に立つとき、ユダヤ人もエゴに満ち、罪深いものであることを認めざるをえません。

したがって4節の「悔い改め」とは、心の中で自分のしたこと、していることを悔い、よりよい人間になることを神に約束するといったことではなく、私たち――ユダヤ人も――が徹底的に神の前に罪人であることを認め、その罪人を赦そうとし、赦してくださった神の憐れみ――十字架における――に向かって方向転換をすること、この神の憐れみのみを自分の人生（生）の土台とし委ねることを意味しています。

ユダヤ人は決してそのようなことをせず、自らを正当化し、自分の義を自分の力で立てようとしたのです。そして異邦人を排斥し、断罪したのです。彼らはその口ぶりと違って心の底ではそれらの人々を冷たく見ていました。ここにイエスの前のファリサイ人と同じく、彼らは神の前に二重の罪を犯しました。そしてその二重の自己中心の罪を押し通そうとしたのです。これをパウロは、神の憐れみをないがしろにし、つくられたもの、しかも罪人にすぎない自分をとりつくろい、覆い隠そうとする罪、神と神の義をないがしろにし、侮る罪と追及し、その上に神の怒りが表されるのだと言ったのです。

本当の人間の正しい――神の前に――行為とは、イエス・キリストの十字架に表されている万人への神の裁きとそれからの赦しを、つまり神の義を心を開いて受け入れることであり、イエス・キリストを主とし、彼に一切を委ねて生きる生、この愛に感謝して生きる生、この愛にお答えして、ふさわしく生きようとする生から生まれてくるものであるとパウロは言っています。つまりここでパウロは正しい行為を、キリストに義と認められるという義認信仰を土台として語っているのです。決していわゆるヒューマニズムや見かけの正しさを言っているのではありません。これを拒み、己が義を立てようとすることは、ユダヤ人であろうと異邦人であろうと、神の裁きの下に置かれるでしょう。ここから1―3節、また6―10節の言葉を理解しなければなりません。

人間というものは自分が救われていることの確実な証拠を求めます。そしてその確証を、自分の行い、他人の評価、あるいは神の寛容、人間というものの弱さ、不完全さ、またそれらの組み合わせに求めるのです。しかしそのような確証はありません。人は自らに何の土台も持たないのです。

ただ私たちを根底まで裁き、私たちの誇りや自信を根こそぎにされると共に、人の心には奇跡として全き赦しを与えたもうイエス・キリストの上にのみ、土台を築くことができるでしょう。そこからのみ本当の平安と喜びと、また本当のおそれと謙遜と感謝がわき出てくるでしょう。そしてそこから本当の生き方、行いが芽生えてくるでしょう。

その意味で、今日の暗い世にあって、私たちは世の光、地の塩でありたく思います。以上の観点をしっかり持たない限り、今日の箇所は完全なる誤解に陥るでしょう。

（二〇〇六年二月五日）

主の前に立つ

ローマの信徒への手紙二章12―16節

この箇所はローマ書の中でも難解であり、多くの論争と誤解を生みました。それはユダヤ人は神よりきちんと文書化された客観的な律法を与えられているが、異邦人にも生まれながらにその人の心の奥に書かれざる律法がきざまれており、万人は神の前に平等に裁かれるという問題です。

15節に「良心」という言葉が出てきますが、これが論議の中心です。というのは、近代になって多くの学者が、この良心という言葉は元々ギリシャのストア哲学から来たもので、それがここに持ちこまれているという主張をしました。そして有名な「自然神学」という言葉を持ちこんだのです。

ストア哲学者は、この宇宙にはロゴス（理性、理念といったもの）が満ち満ちていて、これが自然法則として自然界を支配し、また人間界では国や法律や道徳や習慣といったものとなって表れている。そして、一人一人の人間の内にも、この宇宙と世界を支配しているロゴスと同じロゴスがある。これを「理性」や「良心」と言う。そこで私たちはこの理性を通して宇宙や世界の法則や定め、したがって神の意志を知ることができるし、また神の存在を証明できる。またこの宇宙のロゴス（＝神）の観察を通して、正しい自然にかなう行いをすることができる。そして神に祝福される。もしこの自然にかなわない行いをすれば良心が乱れ、心の平静を失い、かつ神に裁かれ不幸になる、と説いたのです。

15節を多くの学者はそのように解釈しました。しかしパウロはそうではありませんでした。そのようなギリシャ哲学に由来する、宇宙の秩序に正しく組みこまれることを説いたのではありません。そうではなく、その都度その都度における私たち一人一人への神の要求というか求めを、神の御心にかなう心と行いの要求を見ているのです。宇宙の法則ではなく、生ける神――人と世界を超越した――の前での具体的な応答を見ているのです。

人の心の中にはどうしても葛藤があります。この思いで、この行いでいいのかと自分を批判したりすることもあれば、心が責められるとき、心の中で弁解を用意したりすることもあります。それは私たちの善悪の判断の基準と土台が、神様からではなく、元々自分自身の中に備わっているからなのでしょうか。もしそうならば、こうした葛藤は十分解決されるでしょう。しかし人間の心の葛藤は決してなくなることはありません。これを実存の危機と言います。なぜなら人間は自分の主人ではないからです。その葛藤は私たちの外から――神から――やって来るのです。神の具体的な求め、要求が私たちの心の葛藤を引き起こすからです。このことは万人にあてはまります。律法を持つユダヤ人だけでなく、持たない異邦人にも、私たちすべてにも。

だから人は自分の心の不安を自分の力で――たとえ一時的におさえつけたり、一種の悟りの気持ちになることはあっても――解消することはできないのです。人間のこざかしい知恵や悟りでそれをごまかすとき、きっとしっぺがえしが来るでしょう。それは人の心の乱れや社会の乱れとして現れるでしょう。

そうパウロは言っているので、中世カトリック教会はギリシャ哲学の深い影響を受け、人間の理性（良心を含む）を通して神の存在を証明できるとしました。それに対し宗教改革者ルターは、神はただイエス・キリストの十字架を通して自らを現し、そこでだけ神が何であり、また私たちに何を望んでおられるかを知ることができると言いました。それはこのパウロの考えに通じています。

では私たち一人一人すべてに対する、言い逃れようのない神の求め、御心を本当に人は悟るのでしょうか。いや、罪ある人間はそのような外からやって来て、私たちの心を通して私たちに語りかける神の要求に反発し、それを認めようとはしません。いや、心の底では感じても、それをおさえつけ、受け入れたりはしないでしょう。その心のかたくなさを、パウロは異邦人だけでなく律法を持つユダヤ人にも深く認めたのです。

どうしたらその心が打ちくだかれ、素直になれるのでしょうか。神の要求にその通りですと言えるのでしょうか。それはイエス・キリストの前に立ったときだけです。それをパウロはここで述べています。神の私たちへの要求は、そしてそれに応えない人の罪は、十字架においてのみ示されます。イエス・キリストと出会うときだけ分かるのです。

先日ヨハネ八章にある、姦通の女性とイエスの物語の箇所を学びました。そこで言われていることは、イエス・キリストの前に立たされたとき、その要求を聞いたとき、人間――群衆――は自分の心の底の罪を知らされる、知ることができるということです。そして女性は、律法や社会の習慣から自分のしたことの悪いことはよく知っていたものの、決して自分の罪を本当に知り、それを認めたわけではありませんでした。しかし彼女がイエスの前に立ち、その赦しの御言葉を聞き、自分が認められたと感じたとき、彼女は初めて自らの罪を知りそれを素直に告白することができたということです。

16節でパウロはそのことを語っています。最後の審判における裁き主は、同時に弁護士でもあるイエス・キリストだからです。

（二〇〇六年二月一二日）

正しい者は一人もいない

ローマの信徒への手紙二章17節—三章20節

いよいよここからユダヤ人——ユダヤ教徒——に対する本格的な攻撃が始められます。まずパウロはユダヤ人たちの主張をそのまま述べています。彼らは自らをユダヤ人とあえて名乗り、周りの異邦人、異教徒らに対し断然優越した立場、したがって自らの彼らへの責任と使命を声高に宣言しています。

確かに彼らは異邦社会においてひときわ道徳的にすぐれており、尊敬もされていました。彼らは唯一の神を信じ、神から与えられた律法を持ち、それを通して神の御心を知り、行っていました。そしてそうしたものを持たず、迷信と暗黒にうごめいている——とユダヤ人は考えていた——異邦人たちを正しい道に導いていく資格と使命があると自負していたのです。自負とは誇っているということです。異邦人たちは盲人のようであり、闇の中でうずくまり、無知であり、未熟な人々で自分ではどうしてよいか分からないでいる。だから自分たちは彼らを導くもの、闇を照らす光、知識を与えるもの、未熟な子供のような彼らを教え育てる教師であり、自分たちがいなければ彼らはどうしようもないと考えていたのです。

このように自らを「光」、「導き手」、「教師」と誇っているこの誇りに、パウロは真の信仰と違うもの、罪の本質を見ていたのです。

そこで次に痛烈な批判が始まります。これはあまりにひどい見方であり、むしろ誇張だと多くの人は非難するでしょう。

確かに外見から見ればそうとしか思えません。けれどもパウロは自らがファリサイ人であり、最も熱心でまじめな律法主義者であったが故に、このようなことが言えたのです。それは決してかつての同胞、同志をあざけり、おとしめる態度とは全く違っています。人間の神への逆らいが宗教的な態度の中に一番深く表れていることを、パウロは自らの経験を通して知っていました。だから彼は実際に盗んだり、姦淫したり、偶像礼拝をしたわけではないのに、真実神の前にはそのようなものであったと告白しているのです。それを同胞に告げているのです。

もちろん激しい反発を覚悟しつつ、パウロはファリサイ人からキリストへの回心の経験、心のドン底からの経験を通して、ユダヤ人たち――確かに人々から尊敬され、立派な生活をしていたとしても――の、そして彼らを通して全人類の真の姿を、大胆率直にこのように表現しているのです。

さて次に25節に「割礼」が出てきますが、これは当時のユダヤ人にとって、今日キリスト者にとって洗礼が教会員であるしるしとして大切にされている以上の重みがありました。それは異邦人と区別されるしるしだったのです。この割礼をこれほど揶揄《やゆ》することはユダヤ教では考えられませんでした。

ここで、外見の割礼と心の割礼という区別は、決して単に形式的に律法を守るのでなく、もっと実質的に守れという、律法をさらに厳しく守るということではありません。それはユダヤ人の考えです。パウロは律法には人を救う力はない、ただ罪を自覚させる力があるだけだという徹底した考えに立っていました。

したがって霊による割礼とは、律法とは別の、イエス・キリストの霊による割礼であり、それは神の初めの世界創造に対する、神の新しい創造であり、イエス・キリストの十字架における神の徹底した裁きと徹底した赦しの新創造でした。だから人から来る誉《ほま》れでなく神から来る誉れと言っています。人の心の底を見たもう神による誉れなのです。

さて、それならとユダヤ人は反論しました。旧約の歴史は無意味なのか、と。そして更にパウロをあざけって言いました。もし人の不誠実が神の誠実を証しするというなら、何も罰することはあるまい。むしろ善が生じるためには悪をしようということにならないか、律法も何も、人間の努力などなんの意味もないのだから、と。これを多くの人はパウロの考えだと中傷していました。

これに対しパウロは断乎としてノーと言いました。神はすべての人間の悪に対し勝利したもう。そのことを、歴史を通し、特に世の終わりの神の審判において証明したもう。人は神に対し己が権利を主張することはできない。神の義が世の終わりにおいて勝利する。すべての人を偽りとしても神を真実な方とすべきである。ここに一切の生と歴史の希望の基礎がある。これが正しい信仰だと述べます。

そしてこの神の真実は十字架において示されたのである。この十字架の前に立つとき、ユダヤ人をはじめとして全人類の真の姿が、罪が明らかとなる。そのとき神の前に正しい人は一人もいないのであると説きます。そして恐ろしい人の姿がこれでもかと次々にえがかれています。

この箇所を読んでユダヤ人はきっと笑い出したでしょう。いや現代の多くの人々も馬鹿らしくて読むに堪えないと感じるでしょう。なるほどここに書いてあるようなことは当時も、そして今もいたる所にあります。毎日毎日私たちはそれを聞かされています。しかし、と多くの人は言うでしょう。それは一部の人間だ。私たちはそのようなものではないし、そのようなことをしたことも、心に思ったこともない、と。果たしてそうでしょうか。

この誇張と思われる姿は、聖霊の力を通しイエス・キリストの十字架の愛と赦しの前に立たしめられるとき、私たちの心の奥底に深く響いてくる姿ではないでしょうか。それは孔子の「七十にして心が欲する所に従って矩《のり》をこえず」といった人間像、あるいは仏像の悟りきった、円満な姿とはかけ離れたものです。しかし、このようなものを、赦し、その人生と存在を認め肯定してくださる底知れぬ神の愛を心に受けるとき、その人は何ものによってもゆるがない喜びと平安、そして新たな決意と勇気を与えられるのです。

それこそが今のどうしようもない暗い世界において、最も必要とされているものではないでしょうか。

（二〇〇六年二月一九日）

神の義は示された

ローマの信徒への手紙三章21―26節

これまでの箇所で、律法によって生き、律法に支配されているユダヤ人、そしてその延長としての全人類の罪を断罪したあと、パウロはいよいよ福音について語り始めます。

このときパウロは、単にユダヤ教の小さな社会の枠内ではなく、まさに全世界全人類のこととして、したがって旧約の救済史の頂上としてだけではなく全人類の歴史の中心、頂点として、福音を提示するのです。ここにパウロの他との比較を超える壮大なる気宇と透徹した深い確信を見ることができます。

さて、福音は律法――モーセの律法――とは全く関係なく、ユダヤ人がすべてと考える律法による救い、業績の世界とは全くかかわりを絶った所で、しかも律法と預言者、すなわち広い意味の律法――全旧約聖書――に証しされた、旧約宗教、律法の本当の目的を成就したものとして、神の義として示されたと言うのです。ここに旧約と新約の関係が極めて簡潔かつ完全に言い表されています。旧約なくして新約はありません。旧約の救済史の頂点として福音（新約）は現れたのです。このことは決して否定されえません。キリスト教の初代教会において、マルキオンという人はパウロ書簡だけを聖書とし、旧約はすべて否定しました。新約の神は愛の神であり、旧約の裁きの神とは別の神だというのがその理由でした。また現代ではナチスが違った意味でそうしようとしました。というのはナチスはユダヤ人を劣等民族として軽蔑し、そこからキリスト教が生まれたはずはないとしたかったからです。しかし福音はあきらかに旧約の救いの歴史の頂点として生まれたものであり、イエス自身最後のユダヤ人でした。これを否定したらキリスト教は一つの神秘主義的宗教となってしまうでしょう。

パウロはここで深く正しく見れば、福音は旧約宗教の歴史の頂点としてその地盤でのみ生まれたものだ、その意味で福音は律法の本当の精神を成就したものだと言っているのです。この精神を曲げ、律法主義・業績思想にしてしまったのがユダヤ人だと言うのです。だからこの神の義は、ただイエス・キリストの十字架の死と復活においてのみ示され、実現したのです。つまり十字架において神の徹底的な義、正義が示され、すべての人の心の底の罪をあばき裁いたのです。しかしそれと共に、それを通して神は自らの御子を犠牲にしてまで罪人を救おうとされたのです。このように私たち――全人類――はイエス・キリストにおける裁きとそれ以上の赦しの愛を通して、真に一人の人間として神の前に生きるものとされ、神の呼びかけに心からお応えすることができるのです。ここに神の義がはっきりと示されました。パウロはこれを言っています。

このイエス・キリストによる神の義は単なる心の赦し、罪人への赦しの贈り物ではなく、それを通して個人だけでなくこの世界全体と神は和解をし、全世界と全人類そして個々の人間への神の主権（主であること）を示し、それを確立してくださったのです。

23節の「神の栄光」とは神の義と同じことです。人間は罪の故に神の似姿――神の呼びかけに正しくお応えできること（創世記一・28）――を失い、神の栄光をけがしました。それが再びつくり出されたということです。ここで神の義は、神の栄光、また神の国と同じ意味になります。

さて、24節の「贖《あがな》いの業」ですが、旧約では罪の贖いとして血が、つまり死――この場合動物の死――が求められました。したがってこの場合、イエスの十字架の死が考えられています。このイエスの死と血というたとえようもない手段によって神は人と世界との和解を、新しい関係を、したがって神の国を、神の栄光を、つまり神の義を打ち立てられたのです。それをここでパウロは言っています。

ここで福音とは、決して単に個人の心の中の安心立命の宗教でなく、それ以上に、神（キリスト）が私たちの、そして世界の主となられるということ、私たちが主のものとして感謝から本当の人間として生きるということ、世界と歴史を神がキリストによって支配されるということを、言い換えれば律法の真の目標が成就したことを意味していることを、私たちは忘れてはなりません。律法の行いがなしえないことを福音が、キリストの愛の赦しの生命がなしていくことを、パウロははるかに望み見、深く確信したのです。このことを特に今日私たちはしずかに思いみなければなりません。

驕《おご》る平家は久しからず。すべての人は亡び、すべては移り変わるでしょう。しかし神の言葉と約束は決して変わることはないでしょう。

（二〇〇六年二月二六日）

律法・信心・信仰

ローマの信徒への手紙三章27―31節

ここでまず「人の誇り」と記されています。これが今回の短い箇所の鍵となる言葉です。この「人の誇り」は、人の業績としての「律法」の存在と密接に関係しています。パウロはこの「人の誇り」に罪の根源を見ているからです。

それに対しここで説かれる「信仰」は、人をこの誇りから解放するものとされています。ということは、私たちが「信仰」という言葉で想像するものとは大いに違っていることに気が付かれるでしょう。私たち日本人が「信仰」と言うとき、重要な人間の心のあり方を想像するでしょう。

信仰、信心は、日本人にとって人間として生きる根本的なあり方を意味しているのです。それだけある意味では日本人は宗教的な民族であるとも言えるのではないでしょうか。人間のすべての生き方の中心にこのような心の持ち方がかかわっているのです。すべては心の持ちようなのです。これは元々ある日本人の美的な感覚と仏教とが結びついたものでしょう。

四十年以上も前、淡路島からの帰りの船の中で隣にいた紳士と交わる機会がありました。この方は珍しい、いろいろな色の線、大小、太いまた細い線だけで絵を描く有名な方です。私は後にこの方の個展を見て驚いたのですが、この方が言われるには、私は十何年も毎年鳴門の海の渦を見に来て、じっとながめています。その線はすばらしいものです、と。そして私が牧師であることを知り、あなたがた宗教家の祈りの心と、私が渦を見る心は同じですね、と言われました。そのとき私は、ああこれが日本人なのだなと感じました。

日本人は心のあり方、純粋なひたむきな心、心の集中をとても重んずるのですね。それは今は大分すたれたかもしれませんが、日本人は美的で、宗教心も芸術の心も同じく尊いのです。この意味で信仰、信心を尊びます。

特に禅宗では、悟りの心境を重んじます。これは自力宗と言われますが、他力宗と言われる浄土真宗でも、純粋に委ね、信じる心、また「百万遍」といって何回も念仏を唱える熱心さが尊ばれます。その意味で鈴木大拙は、浄土真宗も禅宗と同じく根本は自力だと言います。

しかし、ここでパウロが言う信仰とはそういうものではありません。決して宗教心、敬虔な心を中心としたものではないのです。それをここで律法と信仰を対立させて述べています。律法に生きるユダヤ人と、迷信やご利益に生きる異邦人に案外共通点があるのです。律法宗教は根本で人間の業――それが信心という業であれ――に基づいています。そこには必ず誇りが伴うのです。そこにはどうしても自分というものの追求が、したがって自分に対する思いわずらい、自分の安心のための、自分への信頼を求めてたえざる努力がつきまとうのです。そこにはたとえ自分の業に安心できず絶望的になるとしても、やはり隠れた誇り、自己賞讃、自己正当化が伴い、律法はその心を刺激し、その心を生むのです。

その限りパウロは、ファリサイ人が、彼らが罪人として攻撃する律法違反者よりももっと罪が重いとみています。この最も宗教的で敬虔な人をパウロは批判攻撃することによって、すべての者を神の前に罪人、不敬虔者として裁き、それを通してすべての人はただ神の恵みによってだけ――イエス・キリストにおける神の業――赦され、救われ、生かされることを示すのです。したがって信仰だけが人をこの誇りから解放するのです。それがパウロの信仰です。

そして驚くべきことに、このことは唯一なる神を認める信仰となると言います。律法は唯一なる神を否定すると言うのです。ユダヤ教の有名な言葉に「私は世界で生じるものすべてを支配する神である。しかし私は私の名前をお前たちとだけ結びつけた。私は偶像崇拝者たちの神ではなく、イスラエルの神である」というのがあります。ここに律法は神はいわゆる敬虔なる人の神で、不敬虔なもの、罪人の神ではない。つまり異邦人の神ではないという主張があります。パウロはこのような考えには全世界、全人類を等しく支配する神が否定されているのを見るのです。

しかし神が唯一であるなら、その神は敬虔なるものと不敬虔なもの両方の神であり、いやすべてを御覧になり、すべての人の口をふさぎ、すべての人を不敬虔者、罪人としたもう。そしてしかも驚くべきことにこの罪人、不敬虔者を救い、彼らの神であろうとしたもう。神は人を打ちくだき、そしてそれを新しく生かしたもう。一切は神の力に基づいているとパウロは断乎主張するのです。

もし神がイスラエルだけの神、敬虔なる者（と思っている）だけの神ならば、異邦人は神の支配下になく、他の神々、他の霊力の支配下に置かれることになるでしょう。そのとき、そこでは人間の宗教性、敬虔な信心が中心となり、神が中心でなくなります。言い換えれば誇りが出てくるのです。その意味でパウロは律法への鋭い批判を通して、ユダヤ人も異邦人も結局同じ誤りに陥っている。すなわちそこでは人の誇りが支配しているとみるのです。

パウロが言う信仰は、この人の誇りを打ちくだくものなのです。一切の神を恵みの上に打ちたてるものなのです。そこから律法の本当の精神、本当の目的が成就されてゆくでしょう。

（二〇〇六年二月五日）

神の約束の言葉への信仰

ローマの信徒への手紙四章1―8節

いよいよパウロはユダヤ人たちを論駁《ろんばく》するために、彼らが最も尊敬し、信仰の模範であり土台であるとしたアブラハムを持ち出すのです。

これは私たちにとっても大切なことですが、旧約と新約とをあまりに直線的に結びつけることは、問題でもあることは間違いではありません。確かに新約は旧約の頂上として救いの歴史に組みこまれなければなりませんが、それと共に、新約の福音は旧約の信仰そのものから直接導き出せるものでなく、福音には広い意味の律法――旧約――から推論できない、全く新しいものを含んでいるからです。だから福音の目から旧約を見るとき、たとえ歴史的に問題があっても、旧約の本質を深く見るということはできるでしょう。

その意味で創世記のアブラハムをパウロがこのように解するのは、福音の証人としての理解からは正しいのですが、歴史的に言えばかなり問題があるでしょう。

例えばパウロは罪人を義とされる信仰を直接アブラハムに結びつけるのですが、それとは全く違った理解をヤコブはしています（ヤコブ書二・20―24）。ヤコブは信仰は行いによって完成され、その模範がアブラハムの信仰であると説いています。

このイサクを捧げた物語の解釈は決して簡単ではありませんので今回は割愛します。これをたとえれば、むしろ行いに重点があります。ヤコブは信仰を行いと見ていますが、これはパウロと全く違い、ユダヤ教の理解に近いでしょう。

それはともあれ、ユダヤ人が最もたよっている存在は、預言者としてはアブラハム、祭司としてはモーセ、王としてはダビデと言ってよいでしょう。しかしパウロはここでアブラハムとダビデを私たちの信仰の模範というより、正しい信仰の証人として持ち出しています。

3節は創世記一五・1―6、特に6節の解釈です。では創世記でパウロは何を見たのでしょうか。それは一言で言えば、神の約束の言葉への献身というか聴従――聞き従うこと――ということです。アブラハムは年老いて子供がないので、お前の子孫を海岸の砂のように増やすと言われた神の言葉にとまどうのですが、しかしこの約束を心の底に受け入れ、信じたと言うのです。この信仰を義と認められたので、決して彼の信仰という行為を義とされたのではない、と言うのです。

これは微妙な捉え方ではありますが、ここにパウロは福音の約束を信じ委ねる信仰の原型を見ているのです。二つの意味においてです。第一は、ここで信仰を、決して宗教心とか信心深さとか、また一つの心理的な宗教体験といったものとしては捉えず、あくまで神の約束の言葉への信従と捉えるということです。第二は、この約束は人間の理性で捉えることのできない、深く逆説的なものだということです。

神の言葉への信従ということは、以下のようなことを表します。この信仰が心の問題――信心深さ、敬虔さ、あるいは心理的な宗教体験の次元――ではなく、まず対象――神の約束の言葉――があるということ。その対象は単なる言葉でなくそれを語る神、イエス・キリストがその約束の言葉と共に立っていたまうということ。したがってこの神の約束の言葉は抽象的な言葉でなく一つの出来事であるということ。つまり、それを信じることとは決して単にある宗教の教理を真理であると認めるといったことではなく、この具体的な出来事としての言葉、神の具体的な約束、言い換えればイエス・キリストの十字架と復活の出来事を通して、私たちに語りかけられる言葉の前に心を開き、受け入れ、イエス・キリストに自分の存在を委ねるということなのです。

しかも、この約束の言葉は人間の力で理性で捉えることのできるようなものではなく、人には不可能であっても神にはなしあたうような約束だということです。十字架の罪の赦しと復活の生命の約束はそのようなものです。

さらに、それはあくまで未来への信仰です。福音ではこの約束はすでに現実に実現しているのです。しかし同時にそれは終末のこと、未来のこととして未《いま》だ実現しておらず今は待ち望んでいるものでもあるのです（ローマ八・18—25）。この「すでに」と「未だ」の性格を神の言葉への信仰は持っています。私たちは己を空しうし、神の約束——罪人を義人と認めてくださる——に己をかけるのです。この己をかける信仰も聖霊を通し神から与えられるもので私たちは自分の信仰の業を誇ることはできませんし、信仰を自分の持ち物、資格にすることはできません。

パウロはこのような福音への信仰の原型としてアブラハムを見ています。それはもちろん旧約時代の限界でもあります。そこにはイエス・キリストは未だいないし、したがってアブラハムの信仰が福音への信仰と同じであるといったことは決して言うべきではありません。しかし、その信仰の性格、約束の言葉への信従、人と己の思いを超えて、不可能に見える神の約束の力を信じるという二点でパウロは類似点を見ています。ダビデについても同じです。このパウロの信仰の把握の深さをヤコブは見ていません。しかしヤコブにも彼の言いたい点があり、それはそれで深い意味があると思います。

いずれにせよパウロはキリスト者の信仰、福音を信じる信仰が原型としてアブラハムに発しており、したがってキリスト者がアブラハムの正しい相続人であるとユダヤ人に対してつきつけているのです。

（二〇〇六年三月一二日）

約束と律法

ローマの信徒への手紙四章13―25節

この箇所でまず注目されることは、パウロが約束と律法とを徹底的に対立させていることです。これは一見何でもないようですが非常に重要な意味を持っています。

その一つとして、約束というからには、福音が旧約での神の約束の成就であるということです。キリスト教があくまで歴史に根ざし、歴史的出来事であるイエス・キリストの十字架と復活のみを土台としているということです。

それに反し、なるほど律法もモーセによって与えられているという限り歴史に根ざしてはいるけれども、他の違った視点からすれば、どこにでも人間がいる限り、律法や生活規範や倫理規準というものはあるのです。その意味では歴史から一応離すことができるでしょう。何も律法はイスラエルに限定されないのです。それゆえ律法の世界とは人間――どの人間であれ――が計算できる世界なのです。それぞれの律法、倫理、生活規範に忠実であれば立派に生きることができるし、それを守る程度によってその人間が立派だとかよくないとか判断できるでしょう。

しかし神の約束の世界は人間の計算できる世界でなく、いやそうした世界からの脱出、解放なのです。計算できないことに人間は大きな不安を覚えるでしょう。人はすべてを計算できるものにしたいのです。だから霊能者の予言とか手相や占いなどで人は未来をも計算できるものにしたいのです。

第二にこの二つの世界の対立は信仰と行いの対立になります。約束は人間の力でつくられるものではありません。ただ神の力と行為によって生じるものです。でなければ神の約束とは言えないでしょう。だから人間の側でのそれへの対応は信仰だけだと言うのです。約束を受け入れることが信仰であり、それは行いではありません。いつも神の約束だけが先にあるからです。

第三に、この約束は人間の目には不可能であることを可能にするという約束です。それは神の御力の中にのみある約束です。言い換えれば無から有を創るということです。神は何かを材料にして世界をお創りになったのではなく何もない所から世界を創られました。無から有を創り出されたのです。零《ゼロ》というものは随分昔に発見されたものです。零はいくら足しても零なのです。そこからは一や二は出てきません。逆に現にある時間や空間をいくら極限まで大きくしても無限というものに達しません。有限はどこまでも有限です。このことをカントという哲学者ははっきりと知っていました。神は無限者でありかつ無から有を創られた方です。だからその約束はそういうものなのだとパウロは言うのです。

そしてその説明としてアブラハムへの神の約束を述べています。百歳で死んだも同然のアブラハムに子供を与えると言うのですから、アブラハムはこの約束をひたすら信じ受け入れたと言うのです。これをもってパウロは何を言おうとしているのでしょうか。

それは不敬虔な者、罪人の義認ということです。それは人間には計算できない世界です。不敬虔な者、罪人の義認とはそういうことだとパウロは言っているのです。これは物凄いことだと思いませんか。だからそれを信じるためには人は神の前に何ものも――自分の理性や知力、他の人よりも能力があること、己が業――持ち出すことはできないし、持ち出してはいけないのです。ということは逆に言えば、敬虔な者――よい行いを持ち出す人――にはたえがたいこと、躓《つまず》きであることは言うまでもありません。

ファリサイ人が怒りくるったのは当然です。そしてこれはおそらくあらゆる人々にとって深い躓きなのです。人々は言います。キリスト教、フン、信ずるものは皆救われん、だって。だったらうんと悪いことしてやろうじゃないか、と。当時の多くの人々もパウロをそのように誤解しあざけりました。

しかしここにパウロは福音の中心点を見たのです。この罪人の義認を信じるとは、決して、謝れば赦してもらえる、謝ってまた悪いことをしてもいいじゃないか、というものではないのです。そういう考え自体、赦しを本気で信じていないことを表しています。

信ずるということは己の力や業だけでなく、当然の深い疑いも否定して神の不可能を可能にする力と約束を信じることです。十字架と復活の主の前に立つことです。

（新聞の記事あるいはテレビで聞いたこと――難破し二人だけで小屋にたどりつき、寒さと飢えで死に瀕し、一人は死に、残された一人はたえきれずもう一人の肉を食べた。春になり彼は助かった。しかし自分のしたことを、どうしても許すことができず、許されないことと思い続けた。裁判で無罪になり多くの人に慰められたが、彼の心は死ぬまで変わらなかった――これを聞いてこんなまじめな人はほとんどいないと思いました。そして彼がイエス・キリストを信じたなら赦しを信じることができただろうと強烈に思いました。）

この世には悪逆非道のことをした人、他の人を苦しめ破滅させた許すべからざる人々もいるでしょう。その人々は自分の犯したことを本当に悔い、自分の犯したことの恐ろしさを自覚しなければなりません。つまり神に裁かれねばなりません。しかしその暗黒の中でも消えない光——裁きを超えるイエス・キリストの赦し——を信じなければなりません。このありうべからざる奇跡を心から信じ受け入れることがパウロのいう信仰です。

（二〇〇六年三月二六日）

キリストの愛と平和

ローマの信徒への手紙五章1―11節

パウロは今まで、律法の行いによってでなく、イエス・キリストの十字架の赦しの愛の故に、それを信じる信仰だけで、罪深い亡ぶべきものであるのに、神に義人と認められていることについて述べてきました。今やこのことが私たちの実生活をどのように変えるかについて語っています。すなわち、私たちは信仰によって義とされたのだから、私たちの主イエス・キリストによって神との間に平和を得ていると。

平和。これほど大切なもの尊いものはないでしょう。地上の平和、争い殺し合いのない平和。これがどんなに大切なものであるか、さまざまな外国のニュースを聞くときしみじみと思わずにおれません。しかしこの外の平和より大切なものは内なる平和なのです。外なる平和も内なる平和のない所には生じて来ないのです。

では、内なる平和とは何でしょうか。パウロにとっては言うまでもなく神との平和でした。天地を創り、支配し、歴史を導き、私たち一人一人の生と死を支配しておられる神、その神との間に平和があること、神に赦され、認められ、生かされていること、裁きを恐れる必要のないこと、これが人生にとって一番大切で根本的なことであるという意識があったのです。

では私たち日本人はどうなのでしょうか。そのような意識が、必要性が感じられるのでしょうか。おそらく大多数の日本人はそんなことはないというでしょう。では日本人には不安はないのでしょうか。真の希望があるのでしょうか。

キェルケゴールという人は、恐れと不安とを区別しました。恐ろしいという感情は、それを恐れる対象――化け物、幽霊、強盗、自分をいじめる者、狼《おおかみ》、失業、飢え、病気等々――がなくなると、なくなってしまうでしょう。しかし不安というものはそういうような恐れる対象がないときでも、心の奥底から起こってくるのです。ある意味では人間存在とは、下に底無しの淵が口を開いているようなものだとも言っています。そこから不安が起こってくるのです。真にキェルケゴールは、この不安を乗り越える力は神との平和から生まれると言いました。

パウロは、私たちはこの平和を与えられており、そこから本当の希望がわき出てくると言っています。彼はこの希望を誇りにしていると言うのです。誇りとは人間の尊厳への誇りです。キリストによる希望という自分の人間としての最も根本的な尊厳が与えられていることへの誇りです。それに対し、地位とか金とか権力とか仕事とか健康とかだけが誇りなら、それはみすぼらしい人生ではないでしょうか。キリストから与えられる人間の尊厳は、苦難においてこそ輝くのだと言うのです。

苦難にあうとき、その人の価値がはっきりと出てくるのでしょう。キリストにある希望が本物であることが現れてくるのでしょう。苦難によって希望がぐらつくのでなく、この平和と希望は、苦難においてその人に忍耐の心を与え、この忍耐によってその人が、またその人の信仰がみがかれ、そして苦難がかえって希望を生み希望を確かなものにするのだ、と言うのです。

そしてそれはイエス・キリストの愛、すなわち神の愛が聖霊を通して、苦難の中においても、いや苦難の中においてこそ、私たちの中に注がれているからだ、神が私を無限に愛していてくださることがより深く分かるからだと言うのです。そしてこのキリストの愛についてパウロは極めて印象深い仕方で述べています。

「わたしたちがまだ弱かったころ」というのは、不信仰であり、神に反逆していた頃という意味です。そのような不信心な者、信仰のない者、いや神に反逆する者のためにキリストは死んでくださったのだと言うのです。あの人はすばらしい正しい人だからあの人のため死のうという人はほとんどいないと言うのです。あの人は善い人だ、自分にこんなによくしてくれたという人のために生命を惜しまない人はまれにいるかもしれない。しかし私たち罪人、神に逆らう者、不義な者のためにキリストは死んでくださった。そのことを通して神は私たちへの限りない愛を示してくださったと言うのです。

この箇所を読みながら、私は三浦綾子さんの『塩狩峠』を思い起こしました。あれは急勾配を暴走するトロッコ車を止めて人々を救うため、自ら車の下敷きになって車を止め、生命に代えて人々を救った物語です。

パウロは、こういうようなことも心において、それをもはるかに乗り越えるようなキリストの愛を示そうとしているのでしょう。罪人、信仰のない者、神に反逆する者、敵に対する神（キリスト）の愛なのです。自分はすでにこの十字架の愛の赦しによって義とされたのだから、世の終わりの最後の審判においても救われるのは確かだと言っています。というのは、最後の審判の裁き主は実に私たちのために生命をなげうってくださったイエス・キリストだからです。この最後の審判の考えには私たちはこだわる必要はないのですが、パウロはこれを後期ユダヤ教から受け継いでいましたから、この感動的な箇所を同じくローマ八・31以下と併せ読むと、一層はっきりしてくるでしょう。

（一九九九年一〇月二四日）

恵みはいや増す

ローマの信徒への手紙五章12―21節

私が一一月九日に怪我をし入院してから三五日経ちました。まだ完全に癒えていないので、元に戻れる日がひたすら待たれます。その意味でも今日の待降節は私にとって大きな意味を持っています。しかもちょうどこの箇所は、待降節にとってふさわしいと言える、まことに適切な箇所であると驚いています。かなり難しい箇所ですが、御一緒に学んでみましょう。

ここで標題が「アダムとキリスト」となっています。それはどういうことでしょうか。ここには予型論という考え方がはっきり出ています。

「予型」と「対型」というのは、例えばマタイ福音書では、モーセが予型でその対型がキリストとされていますし、またパウロの手紙では、アブラハムが予型でキリストが対型であるという考えがあちこちに出ています。このモーセ＝キリスト、アブラハム＝キリストという予型論は、モーセによる律法宗教がキリストによる福音において完成したといった形をとっていますし、アブラハムの信仰の成就・完成がキリストであり、キリストによる信仰であるといった形をとっています。

ところが、ここでの「アダムとキリスト」は全く違うのです。つまりアダムによって罪と死の力がこの世に入り、そしてこの世を支配したのだが、キリストを通してこの罪と死の力が打ちやぶられ、この世の支配がキリスト者にある生命にとって代わられ、世の終わりの罪の赦しと復活の生命の希望が与えられたと言うのです。この場合、予型と対型とは全く逆のものになっています。それだけにアブラハムやモーセの場合と違い、ここでは宇宙大の壮大なドラマが想定されています。

旧約聖書が今の形でユダヤ教において正典とされたのは、一世紀の初めであると言われています。このユダヤ教の正典としての旧約聖書をキリスト教会も受け入れたのです。ですから創世記のアダムとエバの物語を、パウロも文字通り受け入れていたのでした。

しかしそれをもってして、私たちも人類の始祖としてのこの物語をそのまま受け入れることはできません。なぜなら紀元一七世紀以来の聖書の歴史批評学を通っているからであり、また近代科学の発達を無視することは不可能だからです。ただそこで著者（ヤハウィスト、紀元前約九五〇年）が言わんとしていることは、根本的には私たちも受け入れています。

さてパウロは、人類の始祖と考えられてきたアダムを一人の人間として捉えました。彼は進化論を知りませんから、たった一人の人アダムを神が初めから人間としてお創りになったと考えたのです。そしてアダムが（木の実を食べるなという）神の戒めにそむき罪を犯したとき、罪がこの世に入りこんですべてを支配したと言うのです。ここで、罪というものが人の力を超えた一つの力として捉えられていることに注目しましょう。創世記ではそれは蛇の誘惑として記されています。

ともあれパウロは、アダムが罪を犯したのを機縁として、罪の力がこの世に入り、すべての人を奴隷としたと言っているのです。そしてそれによって死の力が世に入り、すべての人とすべての被造物を虜《とりこ》にしたこと、人間の社会と被造世界のゆがみはここに発すると言うのです。もちろんアダムの時にも神の戒めは存在するのですが、旧約宗教の土台である律法（トーラー）というものは未だ存在しないのです。それはずっと後のモーセになって初めて与えられました。

この点をユダヤ教徒はどう考えていたのでしょうか。彼らはアダムよりモーセに至るまで、律法がない限り、罪は罪としてはっきりと認められず、したがって罪としてのはっきりとした働き（機能）を発揮していないと考えたのです。法律によって罪がはっきりと法廷で黒白が決められるように、律法も同じ働きを持っていると言うのです。

パウロも同じ考えを持っています。では、どこが違うのでしょうか。それはユダヤ人は律法の働きを積極的に評価したのに、パウロは全く否定的な評価しかしていないという点です。

確かにユダヤ教徒もパウロも、律法による禁止によって挑発され、罪の力が勢いを増すと考えました。人間は禁止されると破りたくなるものなのです。しかし、ユダヤ教徒は、律法によって罪がかえって勢いを増し、罪が蔓延《まんえん》するとしても――したがって罪を犯さない人がほんの少数者しかいないとしても――、律法の存在によって律法を守ることができる義人が少数者であっても必ずいる、それが律法の持つ積極的な意味だとしたのです。もしそうでないなら、旧約の律法宗教は根底からくつがえるでしょう。したがってユダヤ教徒はその拠って立つ土台を失うことになるでしょう。そのようなことは彼らは絶対に認められなかったのです。

それに対しパウロは、律法の唯一の意義は、律法を通して罪が勢いを得ることであり、律法によってたとえ少数者であれ、義人が生まれることは絶対にない、人はすべて神の前に罪人にすぎないと――イエス・キリストを通して――確信したのです。

ここにアダムとキリストの対比の意味があります。アダムの罪によって罪の力が世に入り、すべての人が罪を犯すようになったということは、アダムがすべての人の代表として罪を犯したことを意味するのに対し、キリストが律法の精神を全うしたことは、彼がすべての人の代表として義人であったことを意味するよりはむしろ、キリストはすべての人に対して神を代表する方であると言うべきでしょう。言い換えれば十字架のキリストの愛は、神の愛に他ならないということです。十字架においてキリストと父なる神とは全く一つであることが明らかになったのです。

それゆえ、キリストを通して私たち罪人が義人と認められるということは、それは神の恵みに他なりません。だから律法によって罪の力がいや増すとしても、それ以上にキリストによって神の恵みがいや増すとパウロは叫ぶことができたのです。「罪が増したところには、恵みはなおいっそう満ちあふれました」とは、何と慰めと励ましに満ちた言葉ではないでしょうか。

（一九九九年一二月一二日）

キリストの生命に生きる

ローマの信徒への手紙六章1—14節

六章において私たちは何か五章と違う印象を受けがちです。キリストにある新しい自由に移されたという安らぎから、再び倫理道徳的命令のおどかしの領域に戻されたかのような印象です。しかしそれは根本的に間違っています。

「恵みが増すようにと、罪の中にとどまるべきだろうか」という問いかけは、パウロ自身がそのように言っていると、多くの人々から誤解され誹謗《ひぼう》されていたことを示しています。パウロは不道徳的無律法主義を宣伝しているのだ、と。パウロはこれを断乎として否定しています。それは彼が彼を責める人々——霊的・神秘主義的にキリストと合一して道徳的に清くなってゆくと主張するコリント教会に多くいた人々、また同じく道徳的次元の中にすべてを見る律法主義的キリスト者たち——と同じ道徳主義の土俵に戻ったということではありません。そうではなく、そのようなものが福音の深い誤解に基づくこと、それに対する福音の正しい信仰に基づく生活を、この六章ではっきりと示そうとしているのです。

ここで第二コリント五・14と第二コリント一三・4に注目しましょう。この両方でパウロはイエス・キリストの十字架をはっきりと示しています。キリスト者の生活は十字架上のキリストの業に一切が基づいているのです。それは何かと言うと、三位一体の神がキリストにおいて低くなり、神の前に立ちえない罪人にすぎない私たちと同じ立場、いやそれよりも低い所に立ってくださったということです。そしてそれによって、私たち罪人を高い所に移してくださったということです。

つまりそのことは、律法の支配の下に立つ私たちを、その罪と死の力と束縛と支配から解き放ってくださり、キリストを主とする自由の世界に、律法の世界から自由と赦しと生命の世界に移してくださったということです。

これを義認と言いますが、この義認ということは、多くの人々がパウロにおいて誤解するように、罪があるのに罪がないとされている、もう何をしても罪がない、罪と認められないということではありません。義認は、律法と罪の支配からキリストの愛の赦しの支配の世界に移されていること、私の主人は律法ではなくキリストであること、罪の赦しの賜物とキリストが私の解放者としてその下に身を委ねていることを決して引き離さないということです。これが引き離されるとき私たちは、道徳の世界、個々のあやまち、不道徳のみが問われる世界に引き戻され、必然的にそこでは律法が支配し、そして私たちは罪の支配の世界に戻ってしまうでしょう。これにはっきりと2節でパウロはノーと言っているのです。

次に洗礼について語っています。洗礼を受けたからといって私の行いがすっかり変わってしまうとか、魔術的に罪が消されるとかが起こるわけではありません。では洗礼は単にキリスト信者になったというしるしなのでしょうか。そうではありません。パウロが言うように、洗礼において――信仰告白において――私たちがキリストと共に死に、キリストと共に甦るという、罪と律法の支配から自由と生命と希望の世界に移されたという出来事が起こったことを象徴的に示す行為が洗礼なのです。

だからプロテスタントでは洗礼と聖餐が行われています。洗礼は信仰したこと、キリストの支配に移されたことを示し、そしてその出来事がその後の生涯を通し、たえず私の身に起こり、キリストが私の生の土台であり、主であることをたえず告白し、キリストを主としてゆくことを聖餐は示しています。この二つは離すことができません。

私たちはキリストの十字架においてキリストと共に罰せられたのです。ノーと言われたのです。しかしそれをこえて復活において神に生かされたのです。イエスと言っていただいたのです。イエス・キリストを主とするということは、私たちも十字架において共に裁かれていることを意味しています。復活は十字架を背後に持っているのです。神の最後の言葉はノーでなくイエスなのです。

ここで言われている罪を、私たちはただ個々のあやまちや不義、つまり道徳の世界の個々の行為と見てはなりません。パウロは罪というものを、すべての人を虜《とりこ》にし、支配している力と見ています。十字架はこの力を打ちくだいたのです。そして復活の神の義も決して単に道徳的な美しさではなく、イエス・キリストを主とし、その前に身を委ね従わせる力、自由にする力なのです。

だから、キリストは十字架の弱さにおいて死んだが、復活の生命に生きているように、キリストを主とすることは、キリストの死にあずかると共に、復活のキリストの生命にあずかることであり、罪と死の支配からキリストの生命の世界に移されていることなのです。この自由から本当の感謝の行為、新しい人間が生まれてきます。その行為は律法の行為ではありません。神に対し、隣人に対して心が開かれることであり、コミュニケーションの道が開かれていることです。つまり真の平和と交わりの世界に生かされることなのです。

しかしそのような正しい行為によって救われるのではありません。新しい生き方、心が開かれるのではあるが、その行為に救いがかかっているのではありません。あくまでイエス・キリストの十字架と復活にかかっているのです。ただ、それが正しい行き方、行いを生むということです。これを誤解すると、キリスト教は律法宗教、道徳教に陥ってしまうでしょう。

この土台において初めて、パウロは「死ぬべき体を罪に支配させるな」、「体の欲望に従うな」と言い得たし、言っているのです。体とは肉体以上です。具体的な私、ということです。その欲望とは単に肉欲ではありません。エゴイズムと自己正当化への欲望と言えばよいでしょうか。キリストを主とすることから離れることです。それに身をまかせるな、たえずキリストの赦しの愛の下に立ちなさい。さもないと逆戻りし死の世界に陥るだろうと言うのです。

（二〇〇六年五月一四日）

罪の根からの解放

ローマの信徒への手紙七章7―25節

これまでパウロは、律法からの解放ということと、罪の力からの解放ということを一緒にして論じてきました。そこでユダヤ人の間からは当然の疑問と誤解が生じてきたのです。それは、そんなに言うなら結局律法は罪だとあなたは言っているのではないか、ということでした。この疑問に対しパウロは反論を開始したのです。この七章はローマ書の中で一番難しい箇所とされています。

この章ほど様々の解釈と論争をまき起こした章はありません。また長い間キリスト教界に誤った路線を敷かせた箇所でした。

7節に「むさぼるな」とありますが、これは十戒の第十戒であり、いわゆる対人律法の中で最も根本的な戒め、対人律法の全体といってもよいとされたものです。それをパウロも受け継いでいます。律法は神の御旨として、それが「むさぼるな」というから、むさぼりが罪であることを知るのであり、したがって律法が神の御旨として罪であるはずはない。悪いのは罪であり、ただ罪が律法の禁止をきっかけに力を振るうのだと自分は言っているのだとパウロは答えています。

9、10節は、一つの物語を語っています。それは言うまでもなくエデンの園のアダムとエバの物語です。ユダヤ教の理解によれば、初めアダムとエバは全く無邪気に神に従い、神と彼らの間に、またアダムとエバの間にも何の矛盾もなく、争いもありませんでした。ところが園の中央の木の実を食べるなという戒めが与えられたとき、この戒めを得がたいきっかけとして罪の力が蛇の形をとって人を誘惑し、エバとアダムはそれに負けました。そしてそのことによって、罪の力が人を支配し、その結果アダムがエバに責任をなすりつけることによって、人と人との間に争いと矛盾という罪が生じるようになったと言うのです。

律法というものはずっと後にモーセによって与えられましたが、それ以前アダムにおいても、神の御旨としての戒めが、ユダヤ人だけではなく人類の心に与えられていました。しかしモーセによってはっきりした形の律法がこの世に来たとき、人を生かすべき律法がかえって罪の力を挑発し、罪が力を増す結果となったのだと言うのです。

パウロはここで、自分自身のキリスト者になる前の、ユダヤ教時代の体験を語っているのではありません。また、他のファリサイ人の敬虔なユダヤ教徒の体験を語っているのでもありません。

なぜならフィリピ書三・4―11によれば、彼はファリサイ人の中のファリサイ人、律法の業においては欠けのない者であるとの自負を持っていたからです。彼は律法に熱心なあまり、神と律法を冒瀆するキリスト教徒を許しておけず、彼らを迫害したのです。しかし彼がキリストに出会ったとき、彼は自分の熱心さの中にひそんでいる傲慢、すなわち神を無条件に愛するのでなく、神を愛すると言いつつ結局は自分のエゴを追求していた罪を、しかも自分を正しいと考え、自分を神の前に正当化しようとした罪を知ったのです。また他のファリサイ人たちも、決して自己分裂に陥るのでなく、あくまで律法を守ることができると確信しているからです。

だから、ここでの自己分裂と罪の意識を道徳的な次元のものと考えてはなりません。確かにパウロもギリシャ文化の中に育った者として、心（霊）と肉の二元論的道徳観の影響を受けていました。しかしもし彼がここで道徳の次元で語っているとすれば、彼が15節で、「自分のしていることが分かりません」などとは言えなかったでしょう。道徳的次元なら人は自分のしていることが分かっているからです。またユダヤ教徒としては、「それを実行できない」（18節）などとは決して言わないからです。

しかし後の教会はここを道徳的次元で考え、誤った道をつけました。キリスト者になる前の人の心の具体的な罪悪意識を語っているとか、キリスト者になってからの罪悪意識を語っている――八章ではそれから清められた経験を語っている――とか考えたのです。

その最たるものが、紀元五世紀に出た偉大な信仰者であり神学者であったアウグスチヌスでした。アウグスチヌスは早熟な少年であり、十代ですでにある女性と同棲していましたが、そのことで彼は悩んだようです。長ずるに及び彼は新プラトン哲学を学び、その影響を受けました。この哲学は霊肉二元論で知られ、そこからアウグスチヌスは、霊（魂、精神、理性、心）は善であり神に通じ、肉体的感覚はこの世から生まれ悪であると認識するようになりました。人は心（魂）で神にあこがれ、霊に生きようとするが、罪は肉をとらえ、人は霊に生きられず、肉を愛する。これから脱することは罪の人間にはできない。キリストによる罪の赦しを通して、人は肉から脱却し、霊に、神への愛に向かうことができると考えたのです。彼の実生活での悩みとこの哲学から、彼は罪（むさぼり）の根本は肉欲であるとしたのです。

このような観点から彼はローマ七章を読みました。もちろん罪は道徳的なものも含みますが、キリスト教でいう罪の根本は道徳的次元を超えています。しかし教会はともすれば罪を道徳的にだけ捉えました。

これに対して宗教改革者ルターは、神を無条件で愛せず、神を愛すると言いつつ実は自分を愛し、自分を求めているという苦しみを通して、人は全く罪人にすぎず、ただキリストの赦しの恵みによってだけ生きるという徹底した信仰に達しました。いやむしろ、彼がキリストのみ、恵みのみ、信仰のみの確信を得たとき、彼は自分の罪を本当に知ったのです。

このルターの信仰は、パウロのローマ書七章を正しく理解したと言うべきでしょう。パウロも、罪を道徳的次元でだけ捉えていたファリサイ人に対し、むしろ敬虔なる宗教者（家）や律法を守っていると信じて疑わないファリサイ人をこそ捉えている、自己（エゴ）追求と自己正当化の傲慢を根本的な罪（むさぼり）と見ているのです。

人間を徹底的に捉えているこの罪の力と律法から、ただイエス・キリストの十字架の赦しの愛によってのみ解放されている、そして本当の自由を与えられているという喜びを、パウロは24、25節で力強く告白しています。この解放と自由からのみ、人は根本から新しくされ真実に生きていくことができるのであると、パウロは歴史を超えて私たちすべてに語りかけているのです。

しかしまたルターは、自分の罪の苦しみの経験から、この罪との苦しみの箇所をキリスト者の経験と考えました。確かに私たちはこの解釈に自らの弱さを合わせ、その通りと思うでしょう。しかしそのとき私たちは、ルターの根本的経験よりも、罪とのたたかいを再び道徳の次元に下げることになります。そこでこの箇所はパウロがキリスト者になる前の自分の真相を、キリスト者になった信仰の観点から振り返って述べていると見るべきでしょう。そのとき感謝すべき神の言葉が生きてくるでしょう。

（二〇〇〇年一月一六日）

霊の生活

ローマの信徒への手紙八章1―17節

今日学ぶ第八章は、第七章と合わせて、ローマ書の中心部をなしています。七章24節でパウロは悲痛な叫びをあげました。そして25節では一変して感謝と喜びの告白をいたしました。この告白の意味を第八章でパウロは詳しく、そしてはっきりと語っています。「キリスト・イエスに結ばれている者」、直訳すれば「キリスト・イエスにある者（エン・クリストー・イエースー）」は、「罪に定められることはありません」と言うのです。ここに罪の赦しの確実性が述べられています。

だから人は、自分は罪を犯し続けているのではないか、裁かれるのではないかという不安からはっきりと解放されているのです。彼は律法の支配する所から、イエス・キリストの支配する所に移されているからです。

律法からの自由は、罪の赦しとして二つの根本的な意味を持ちます。すなわちまず、根本的な罪、根本的な自己中心の罪を示され、裁かれ、かつ赦しを通して己の一切の正当化を打ちこわされます。神の前に何ものも持ち出せないのです。罪の根を断ち切られるのです。そして、この罪の力からの自由から、その他の枝葉の罪の弱さに打ち勝っていく結果が生まれるのです。

七章の分裂し悩める人とは、律法の支配の下にかつていた真相をキリストにある自由に移された（今の）信仰の立場から見て、えがいているのです。決してキリスト支配の下にある者の経験をえがいたものではありません。

もともと律法は神の御旨でありそれを人間の間で実現することが神の御心であり、目的であったのに、神の御旨を実現する手段であるはずの律法がそれを果たしえず、かえって罪と死の下に人を虜《とりこ》にしてしまいました。それを、神は御子を罪深い肉の人間としてこの世に送り、彼を十字架上ですてることによって罪人として彼を断罪しました。神は、罪の報い（罰、裁き）である死の力に引き渡すことを通して、私たち罪人を赦し、私たちを律法と罪と死の呪いの場所から、イエス・キリストの霊の場所に解放してくださったと言うのです。この福音の事実をパウロはフィリピ書二・6―11で述べています。

4節以下はよく誤解されてきたのです。人々はここをただ道徳的にだけ理解し、キリストの霊を与えられることによって、人々は、神が彼から要求しておられる律法を実行する力を与えられ、キリスト者は旧い律法に代わって、キリストの律法、新しい律法の下に立つことになったのだと理解したのです。それは決して間違いではありませんが、しかしこここからキリスト教は福音であるより新しい律法宗教、道徳宗教のようになる危険もあります。この誤解は、ギリシャ人のように、霊を心や精神と考え、肉を肉体にまつわる肉欲と考えたことから起こりました。

しかし私たちは、そのように考えてはなりません。霊とはキリストの霊であり、今まで律法が私たちの土台だったのに、十字架の死と復活という、イエス・キリストの存在と出来事自身を私たちの存在の土台とすることを可能にする霊なのです。第一コリント一二・3によれば、「イエスは主なり」と私たちに全存在をかけて告白させる霊なのです。このキリストの霊に従う、いやこの霊に生かされることが、単なる道徳の次元を超えて、私たちに、律法がなしえなかった、新しい生き方を開いてくれるのです。

ここで肉とは、決して単に精神に反対する肉欲であるより、もっと深く罪と律法の下にある私たちの存在全体を指しています。肉はどこまで行っても肉であり、霊は私たちの外から、イエス・キリストから、イエス・キリストの霊から来るのです。

ここで10節に、「体は罪によって死んでいても、霊は義によって命となっています」とは、むしろ「罪との関連（つながり）で死んでいるが、義との関連（つながり）で霊は命である」と訳したほうがよいでしょう。人は罪人として己への裁きを認め、ただイエス・キリストと赦しの生命によって生かされていることを言っています。10節は洗礼のことを言っているのです。洗礼において人はキリストと共に（罪人として）死に、キリストと共に（その復活の生命になって）生きるのです。この復活の生命は死後ないし世の終わりにおいて私たちに現実に与えられますが、その保証が今すでにイエス・キリストにおいて与えられているのです。

（だから私たちは不安の中におびえて生きる必要はありません。不安から解放され、私たちは今でも弱さと罪の誘惑と欠陥の下にありながら、しかも福音の生命にあずかって新しい方向と力を与えられているのです。11節はそのことを言っています。）

だから私たちは肉に従って生きず、霊に従って生きるべきなのです。それは私たちの努力次第の生き方ではありません。もしそうなら、私たちは律法の下に立っていることになるでしょう。私たちがイエス・キリストの下に、福音の下に立ち、立ち続けようとするとき弱き、罪深い私たちを通してキリスト御自身が働いてくださるのです。私たちはだから律法の下ではなくイエス・キリストの下に、福音の下に、したがって霊の下に立ち続けていなければなりません。自分を見るよりももっとキリストを見続けねばなりません。そのとき、私たちにキリストの霊に従って生きる生き方と力が与えられ、神の目的が私たちにおいて少しでも実現されてゆくのです。

そのことを福音書ではタレントのたとえで語っています。私たちは与えられたタレントを埋めておくのでなく、生かさなければなりません。それがキリスト者の生き方です。それを違った言葉で言い表したのが15―17節です。イエス・キリストの下にあれば、もはや私たちは奴隷でなく、したがっておびえることなく、子供であり、自由であり、お父ちゃんと神によばわり、祈ることができると言うのです。キリストの霊とは私たちを神の子供とする霊なのですから。奴隷の生き方はどこまで行っても奴隷の生き方です。しかし子供であるとき生き方が全く変わるでしょう。

17節の終わりにありますが、パウロは迫害の時代に苦しむ人々に書いているのです。「キリストと共に苦しむなら、共にその栄光をも受ける」と。この言葉は当時のローマの信徒にとってどんなに大きな励ましだったでしょうか。私たちはどうでしょうか。

（二〇〇〇年一月二三日）

壮大なるヴィジョン

ローマの信徒への手紙八章18―25節

この箇所はパウロの手紙全体の中で特異な箇所です。すなわちここでパウロは特に苦難の問題をとりあげ、その宇宙大の解決を熱っぽく語っています。

まず18節ですが、「現在の苦しみ」とあるのは、文字通り当時の迫害と苦難の中に置かれた状況を背景に持っています。この迫害と苦難をパウロは後期ユダヤ教の黙示文学の伝統にのっとって考えています。今の世はイエス・キリストの来りたもうた時とやがて起こるであろう世の終わりとイエス・キリストの再臨の時の間にはさまれた、短いいわゆる艱難時代であるとパウロは考えていました。

パウロと初代教会の人々にとって、キリストの再臨は間近なものとして待望されていたのです。ですから現在ローマの信徒たちが味わっている苦しみは、このキリストの再臨の喜びに比べると「取るに足りない」ものだと励ましているのです。この再臨においてこの世の一切の不正、虚無、矛盾はなくなってしまうでしょう。

それだけではありません。パウロはここで人間世界のことだけではなく、それを、動物、植物などのすべての被造物、自然界、宇宙の世界にまで拡げています。イエス・キリストの再臨においては宇宙全体に平和と自由と喜びが実現するのだと。これは何と壮大な信仰ではありませんか。

パウロはまず第一に迫害の中にあり、罪と苦難とたたかっているキリスト者のことを考えています。しかしそれだけではありません。19節の「被造物」とはキリスト者以外のすべての人類、および動物、植物、自然界などすべての創られたものを指しています。苦しみ呻《うめ》いているのはキリスト者だけではないと言うのです。全人類と全被造物は、神の子つまりキリスト者が、キリストの再臨によって現実に神の子となる日を切に待ち望んでいると言うのです。これは驚くべき考えではないでしょうか。

確かにこの世の不正、不公平、病い、老い、死、悪、罪にとらわれ、それからの解放を願っているのはキリスト者だけでなく、すべての人間であり、更にすべての創られたものもそうなのです。

私はいろいろ動物を飼ってきましたが、動物でも幸せなものと不幸せなものがあり、動物の死も悲しいもの、割り切れないものだと経験してまいりました。また弱肉強食といって、アフリカなどでライオンが弱い動物を襲う残虐なテレビの場面などをよく目にします。また人間が樹木を伐採し、動物の住む所を奪うこともよく見聞きすることです。

パウロもそのような矛盾を感じていたのでしょう。そうした被造物、自然界、宇宙が、人間の罪の結果、そのような虚無に陥っており、そして呻《うめ》きが全世界・全宇宙に満ち、全世界・全宇宙がその虚無から脱却し、全人類と全被造物と自然と宇宙の全体が一つとなり、和解し、完成することを切に願っている。したがって彼らは知らずしてキリストの再臨を乞い願っているとパウロは心の底で感じたのです。もちろんその願望をはっきりと自覚し、そしてその希望に生きているのがキリスト者だとパウロは言うのです。

「体」とは人の具体的な人間全体を指しています。信仰すれば悩み苦しみはなくなるというのでなく、キリスト者も呻いているのです。しかし明確な希望の下に呻いているのです。だから24節でパウロは「このような希望によって救われているのです」と言っています。

このようにキリスト者は、この世に悪が厳然と存在することをはっきりと見ています。ここにキリスト教と仏教との違いがあります。

釈迦の説いた仏教は、悪の存在を否定し、悪や苦しみや悩みはすべて心の持ちようから生まれるとしています。生・老・病・死の四苦は実際には存在せず、人の煩悩から生まれる、したがって人が悟りを開き、無明《むみょう》を去り、事物を諦《あきら》め（明らかにし）――これは日本では、仕方ない、あきらめるという意味に変わりました――、仏となる（からみついた糸をほどく→「ほとけ」）なら一切の悪、苦しみは消え去ると説いたのです。これが原始仏教ですが、果たしてそうなのでしょうか。

また仏教では一切の事物、動物や山川草木に至るまで仏性《ぶっしょう》（仏の性質）が宿っている。それゆえ殺生してはならないと説きます。これは深い考えですし、ここでのパウロの考えに近づいています。

しかし仏教では罪や悪を深く捉えていません。なぜなら人間は、そして動物たちも、他の動物を食せずして生きられないのです。これは確かに矛盾ですが、この世自体が悪と罪を持っているからなのです。

ただ私たち人間は他の動物や自然界に対し、責任を持っています。動物を苦しめず、できる限りいたわること、これは大切なことです。果たして日本人はこれに対しどうなのでしょうか。無責任な殺生や飼い方が多くはないでしょうか。また自然環境に対してはどうでしょうか。これについても最近になってやっと分かってきたのではないでしょうか。

パウロは人間の罪によるこの世の矛盾を認めつつ、この根本的な解決を、イエス・キリストの十字架と復活によって先取りされた未来への希望に見たのです。それは目に見える希望ではありません。彼を取り囲んでいるこの世の現実を見るとき、人はとてもそのような希望を持てないのです。しかしこの希望は人間のはかない幻想ではなく、イエス・キリストの十字架と復活において先取りされ、約束された明確な希望なのです。

パウロはすべての人間が、また全被造物・全宇宙が、自ら知らずしてこの希望を持っているのだという壮大なるヴィジョンを信仰を通して与えられたのです。このパウロのヴィジョンは現代の私たちに対しても、いや対してこそ力強く迫るものではないでしょうか。

（二〇〇〇年一月三〇日）

キリストの愛による勝利

ローマの信徒への手紙八章31―38節

ここは「キリストにある」ということの意味のしめくくりをなしています。18―30節では現在と未来の間でのキリスト者の呻《うめ》きと、その呻きを助ける聖霊の呻きが語られたのですが、それに引き続いてパウロは「キリストにある」ということがいわゆる最後の審判においてどのような働きを持っているかについて語り始めています。

ですからこの箇所をよく読むと、法廷での裁判の形がとられていることが分かります。もちろんこの最後の審判の考えは後期ユダヤ教の黙示文学（例えばダニエル書）から来ており、私たちはこの考えに捉われる必要はありませんが、パウロと初代教会はこの伝統の下にありました。最後の審判において神が私たちに最終的な判決を下されるという考えです。ですからその時初めて救いというものが成就するのです。パウロにとってもそこで神に義人と認められることが根本的な関心事であったのです。法廷では裁判官がおり、訴訟人（原告や検事）があり、弁護人がおり、被告がいます。言うまでもなくここでは神が裁判官です。被告は私たち（ここではパウロ）で、訴えるものには特にサタンや闇の支配者たちがいます。彼らは私たち（そしてパウロ）の罪状をあばき立てるのです。

そして彼らは私たちの心に、お前はこんなことをしているではないか、いや心の中であんなことを考えているのではないか、お前はとても救われはしないよ、とささやきかけるのです。そのようなささやきに動揺しない人がいるでしょうか。パウロの心にもこのサタンのささやきがあったでしょう。しかし、パウロは「キリストにある」ことの意味をつきつめ、絶大なる信頼をここに置いたのです。キリストが弁護人としておられるではないか、と。

同時にパウロはここで不思議な言い方をしています。それは裁き主なる神が「わたしたちの味方」――敵はサタンら――であるという考えです。なぜなら父なる神は自分に逆らう不敬虔な私たち（パウロ）のため、自分の一人子をすら惜しまずして十字架の死にまで――外見上サタンに屈した形で、罪の究極の罰である死にまで――渡されたほど私たちを極みまで愛していてくださるからです。ここで裁判官と弁護人が一つになっています。弁護人は言うまでもなくイエス・キリストです。

34節を見ますと、イエス・キリストは今や復活し、父なる神の右に坐し、私たちのために父に執り成してくださっているとあります。ここでもキリストは弁護人だけでなく裁き主でもあるのです。なぜなら彼は法廷で裁判官と向き合っておられるのではなく、裁判官たる父の右に坐り、被告である私たち（パウロ）に向き合っておられるからです。つまりキリストは父なる神と同じく、弁護人兼裁判官なのです。言い換えますと十字架の出来事においては、父なる神と子なるイエス・キリストは一つなのです。十字架におけるキリストの私たちへの愛は、そのまま父なる神の愛なのです。

この驚くべき真理をパウロは深く見据えています。だから私たちを裁く方は、私たちを極みまで愛して十字架にかかってくださったイエス・キリスト御自身なのです。もしそうなら誰が私たちを罪に定めることができるでしょう。サタンがどんなに巧妙に私たちの心にささやきかけ、不安を呼び起こすとしても、それ以上にキリストの赦しの愛が私たちの心に注がれ、私たちを生かしてくださっているのです。ですからサタンが私たちを訴えて罪に定めようとすることは、パウロにとって私たちをキリストの愛から引き離そうとすることでした。しかし何人《なんぴと》も私たちをキリストの愛から引き離すことはできないのです。この信仰に立ってパウロは勝利の叫びを挙げています。「だれが、キリストの愛からわたしたちを引き離すことができましょう」と。何と慰めに満ちた言葉でしょうか。

様々な艱難、様々な苦しみ――旅行中に飢え、裸でむち打たれ、強盗や猛獣におそわれる危険に遭い、軍隊や警察によって殺されそうになったことなど――、そして不当な迫害――ローマ人やギリシャ人だけでなく、ユダヤ人から、更に自分が導いた愛するキリスト教徒たちからの迫害――、さらにサタンのささやき、自分を見つめれば絶望と行き詰まりと不安がとめどなく起こってくるそのような中で、パウロはただ一筋にキリストを見つめたのでした。自分を見ずにキリストを。そのときあらゆる誘惑と不安を越えて、彼の心に平安がありました。

36節は当時のことわざか何かと思われますが、「死にさらされ、屠《ほふ》られる羊」とはどのような状態でしょうか。羊はすでに自分の運命を予感しているでしょう。もちろん羊と人間とは違います。羊も不安と恐れとに身がすくんでいるでしょう。まして人間は、例えば死刑台に向かって連れて行かれる人間の気持ちはどのようでしょうか。想像するだに身の毛がよだちます。ところがそのような状態が一日中続くと言うのですから。

パウロはいささかの誇張はあるでしょうが、自分の生活と時折起こってくる心の状態をこのように述べています。それはたとえがたいようなものですが、パウロはそのような絶望的な状態にあっても、キリストの愛はそれよりはるかに勝っているると述べているのです。

38節は当時の精神世界をえがいています。「死」は究極の敵として人格化してえがかれています。「命」は人生と生活において遭遇する様々の敵対するものを表し、「天使」はここでは天使の堕落した姿と信じられていたサタンや悪霊を指します。「支配するもの」も同じであり、「現在のもの」、「未来のもの」もその類《たぐい》です。「高い所にいるもの」、「低い所にいるもの」とはそれぞれ序列をもった星の類であり、当時は一般に人間の運命を左右するものと思われていました。当時の人間は、特に異教社会においては、もろもろの悪しき力に囲まれ支配されていると考えられていました。

しかしパウロはそれらすべてをもはや恐れる必要はない。それらよりもっと強いもの、それはキリストの愛だと言っているのです。そのようにしてパウロは多くの人々を縛っていた迷信を乗り越えることもできたのです。それは今日でも同じではないでしょうか。

（二〇〇〇年二月二〇日）

絶対的神中心

ローマの信徒への手紙九章

九―一一章は、一―八章とガラリと変わっています。パウロという人は徹底的に神中心でした。決して自分の力、祈り、信仰を中心や土台とした人ではありませんでした。それがここではっきりと示されています。

八章では、「キリスト・イエスによって示された神の愛から、わたしたちを引き離すことはできない」と述べられていました。神は最後の審判における裁く神に対し、パウロの弁護士でもありたまうのです。彼を訴える検事（サタン）に対し、裁判官である神（父なる神）、子なる神としてパウロを弁護したまう弁護人であると言っています。この弁護人は罪なき唯一人の人物でありながら、神の子なる己を犠牲にし裁くべき神でありながら、裁かれる罪人となりたもうた神の子・イエス・キリストなのです。しかも奴隷の死、最もいやしい人の死刑である十字架刑のドン底に陥れられた方、この唯一人裁かれたもうたイエス・キリストが三位一体の神として唯一人の裁き主（裁判官）でもありたもうことをパウロは明確に知っていました。

だからイエス・キリストの愛より私を引き離すものは何もない、誰もないと言い得たのです。

そのパウロが九章では、大部分のユダヤ人が救われるならば、自分が地獄におとされてもよいと断言しているのです。八章と九章は全く矛盾していないのでしょうか。そうではありません。

ユダヤ人から神の敵、神を知らない救われようのない罪人と軽蔑されていた異邦人がどんどん救われる一方、ユダヤ人は、キリストの十字架に躓《つまず》き、十字架のキリストを徹底的に否定しました。それも旧約聖書時代の長い間神に選ばれ、忍耐され、しかも神に深くそむいて遂にバビロン捕囚に追いやられたユダヤ人です。特にファリサイ人や祭司長らがそうでありました。

アブラハムへの無償の契約（約束）を神がイエス・キリストの十字架の裁きを通して成就（完成）してくださったのに、神に徹底的に反抗し、信じなかったのにもかかわらず、神は忍耐に忍耐されました。この忍耐がなかったらユダヤ人はソドムとゴモラのように消え失せてしまったでしょう。しかし神は忍耐に忍耐し、ユダヤ人を罰することを通して、神の敵として到底救われる見込みのない異邦人をパウロを通して救いたもうたのです。これ自体、何人《なんぴと》も思い浮かべ得ない驚くべきことではありませんか。

それにユダヤ人は、一切が神の御心によってなされるとすれば、われわれには何の責任もなく、神は私たちユダヤ人を批判・非難される資格はないではないかと、自らの罪を言いつくろったのです。

彼らには異邦人に対する愛は全くありませんでした。だから神の愛――異邦人を救い、その異邦人への愛を通して、ユダヤ人の心のかたくなさを打ちくだいてユダヤ人を救いたもうという、人の思いを超えた神の愛――の計画を九章で述べています。そして一〇章、一一章と進み、神の驚くべき、歴史観、一切の歴史を神が支配しておられることを述べるのです。

異邦人の救い

ローマの信徒への手紙一〇章

一〇章に入ってパウロは神の選びという根本問題をより深めて語ります。それは律法についての神の言葉と福音についてのそれとの違いです。

律法については、神は律法を守るものは生きる、つまり救われると言います。しかしイエス・キリストを信ずる信仰の義については、誰が天に昇ったかとか誰が底無しの淵におとされたか、つまり誰が救われ、誰が救われないと人間のほうで断定してはならない。いや、できないと言っているのです。そこでは律法という人の義でなく、十字架の福音（神の一人一人に対するよき御言葉）、つまり神の義が問題だからです。神の義、つまり永遠の初めにおける神の「決断」が問題で、その内容を人が判定できないからです。もし判定するとすれば最大の罪、よしクリスチャンであろうと、他者の救いについて人間が神にとって代わろうという最大最深の罪を犯すことになるからです。

では何と言われているかというと、「御言葉はあなたの近くにあり、あなたの口、あなたの心にある」です。神の義は万人に与えられ、それに心を開くかどうかはその人の責任にかかっているからです。すべての人は自由であり、責任ある人格なのです。だから「主の名を呼び求める者はだれでも救われる」のです。

ここでパウロは万人救済説を否定しています。同じくカール・バルトも、自分は万人救済を否定し、また宇宙万物の完全回復説をも主張しないと言っています。そうでありながら、三位一体の愛なる神の永遠――人が創られる前の――の決断に固く立っています。神は人と宇宙を創られる前に万人との無償の契約の完成を、人との徹底的交わりを約束されました。すなわち「永遠の決断」です。永遠の初めからイエス・キリストを選び、イエス・キリストにありてすべての人を選びたもうたからです。ペテロの手紙一の三・19によれば、イエス・キリストは死者のいる陰府《よみ》にまで下り、彼らに伝道されたとあります。

またこの一〇章ではパウロを通し、異邦人が救われ、ユダヤ人キリスト者が減ってキリスト教会が異邦人で満たされた今日、神はユダヤ人の心にねたみの心を起こさせつつあると述べています。不思議なる神の御計画をパウロはよくよく知っているのですね。

イスラエルの救いと歴史的完成

ローマの信徒への手紙一一章

一一章においてパウロは、当時地中海沿岸で盛んに用いられ農業上の大発見として大きな成果をあげた、オリーブの木の接ぎ木という技術を参考にして説明しています。オリーブは当時極めて尊い作物でした。それゆえ、貧弱な野生のオリーブ生産を、優良な品種のものばかりを大量に生産することに成功した、当時知れ渡っていた実例を用い、信仰の世界での難問に応用しました。このパウロのすぐれた知識の広さ、深さに驚きを禁じえません。

さて今やパウロは、これまでとは逆に、異邦人キリスト者たちに対して厳しい警告をしています。

ヨハネ福音書によると、ユダヤ人はアブラハムの無償の徹底的に神中心の、神の恵みのみによる契約を与えられながら、神に背き、反抗し、神の愛の忍耐も限界に来て、バビロン捕囚という悲惨な結果に陥りました。それでも彼らは神のみによる無償の契約に従わず、逆に、自分たちが神にどれほど従ってきたかと、己が罪を思わず、己の義を神の前に持ち出し己を正当化しようとしたのです。それが後期ユダヤ教からイエス時代のユダヤ教の姿でした。

そして己たちを選民として選び、ただただ神の御旨によってのみなされた契約を逆転し、今までの自分たちの態度、そして信仰は確かにあまりに不十分であった。そこでこれからはきちんと神殿に礼拝し、でき得る限りきちんと律法を守ることによって、もう一度神との契約に入れていただこうと傲慢にも考えたのです。それがイエス時代のファリサイ主義の始まりです。

彼らはいかにして、自分の努力を通して神との契約を再びつくり出そうと言うのでしょうか。つまり、旧約時代のユダヤ人の神否定の傲慢以上の傲慢と罪に陥っていったのです。彼らは自己を正当化し、愚かな人間の義を、神の義と逆転させようとしたのです。それゆえ、彼らはガラテヤ書などにおいて、神の敵異邦人を選び、選民ユダヤ人をすてられたかに見える神を憎みました。

ここでパウロのように、批判対象をユダヤ人から異邦人に向けましょう。異邦人キリスト教会にも大きな危険が当時すでにあったのではないでしょうか。それは異邦人キリスト者のユダヤ人キリスト者への優越感、そして彼らへの軽蔑という大きな罪です。

ここでも接ぎ木の農業技術が用いられています。すなわちユダヤ人は良きオリーブの木です。しかし彼らはその不信を通して悪しき木とその不良な果実、しかも小量の不良産物を生んだだけでした。しかしでは異邦人はどうでしょうか。ここでも傲慢が生じました。そのような傲慢からは、異邦人教会の没落と不良化、いやいや福音の消失という恐るべき結果が生じるであろうことは、神の約束としての福音の失敗という最も恐るべき結果となるのです。

ユダヤ人の傲慢のため、神は救いを異邦人に向けたまいました。その異邦人自身が完全な良きオリーブの木である、旧約の預言の成就であるイエス・キリストの十字架の福音から離れてしまうとすればどうでしょうか。そこでパウロは異邦人キリスト者に向かい、お前たちは恐るべき破綻に面しているのだよと厳しく戒めているのです。

自分のからだを献げる

ローマの信徒への手紙一二章1―2節

ローマの信徒への手紙は一―八章までが信仰の内容――いわば教義――を論じたもので、九―一一章は挿入部として彼の歴史観、歴史哲学とも言うべきものを記したのです。そして一二―一五章で信仰の応用、いわば具体的な倫理の実践をつけ加えています。したがって信仰の内容――教義――と倫理とは密接につながっていて、分けることはできません。そのことを私たちは忘れてはならないのです。これを忘れるとき、キリスト教は倫理道徳化して、再び律法的になってしまうでしょう。

だから一二章の初めに、「こういうわけで、兄弟たち、神の憐れみによってあなたがたに勧めます」とあるのです。「こういうわけで」は一―八章までの全部のことを言っているのです。もう全部を悟ったのだから今更どうこういう必要はないけれども、人間は具体的なこととなると迷いやすいので、そうならないように勧めますというので、命令しますとは言わないのです。

ではパウロは何を勧めるのでしょうか。「自分の体を神に喜ばれる聖なる生けるいけにえとして献げなさい」と。これらの言葉の背後に、パウロは旧約のまたユダヤ教の習慣を心にえがいています。それはローマの信徒にもすぐ分かったことでしょう。ユダヤ教の神殿で人々は自分の罪を贖《あがな》ってもらうために、羊や山羊や鳩などを買って持って行き、祭司に屠《ほふ》ってもらい、その血を注ぎ、体を焼いて、その犠牲に免じて自分の罪を赦してもらうよう、神にとりなしてもらうのです。それに対し「生けるいけにえ」が一人一人のキリスト者なのです。またここには、イエスの十字架の死のこともある程度連想されていたかもしれません。しかしここではそれは前面には出されていません。

問題は羊や鳩の死骸を献げることに対して、生けるそなえものが対照にされていることです。ここに重点があります。ではここで「自分の体」を「献げる」とはどういうことでしょうか。まずこの「体」という言葉に注目しなければなりません。

パウロ神学の中で「からだ」（ソーマ）という言葉は非常に大切なのです。このソーマはサルクス（肉）と厳密に区別されています。パウロは、人とは心（魂）また精神（プシュケー）と肉体（サルクス）とからなり、これらが神から来る霊（プニューマ）によってまとめられ、そして人間となると考えました。そして霊によってまとめられ、方向づけられる心と肉体との全体、具体的な私というものをソーマ（からだ）と呼んだのです。

ということは、言い換えると、この世に関係した具体的な私全体ということです。それは抽象的な、個人的・内面的な私の世界でなく、心と肉体の両方を持つ具体的な私を通して私はこの世の中で生き、この世と関係して生きているのです。そういう私、つまり「からだ」を献げなさい。しかも神に喜ばれる聖なる生けるいけにえとして。

この場合の「聖なる」とは、決して単に道徳の領域で言っているのではありません。なぜならパウロはすべてのキリスト者を聖なるもの、と呼んでいるからです。キリストにあるもの、キリストを主とするもの、キリストに一切を委ねたもの、それが聖なるものなのです。だから神に喜ばれるとは道徳以上の意味があります。イエス・キリストのもの、として生きるということです。

ですから、自分の体を神に喜ばれる、生けるそなえものとして献げるとは、主イエス・キリストの自由の世界に移され、イエス・キリストを主とするものとして、それにふさわしくこの世で生きていきなさいと言い換えた方がよいでしょう。この箇所はともすると道徳的な、禁欲的な意味で理解されてきたからです。

ではイエス・キリストを主とし、それにふさわしく生きるとはどういうことでしょうか。それが、一―八章までパウロが縷々《るる》として述べてきた所でした。「この世に倣う」とはどういうことでしょうか。「心を新たにして自分を変えていただく」とはどういうことでしょうか。

ここで「心を新たにして自分を変えていただく」とは、前にもお話ししましたように、律法と罪の支配からキリストの支配――赦しと自由――へ移されることを意味しています。「世に倣う」とは律法と罪の支配に戻っていくことです。一見それがいかに善く見え、自分と世間の常識や理性に添うように見えても、そうしてはならないのです。私たちはすでにイエス・キリストを主とし、彼の支配する世界に生かされ、律法の支配から解き放たれているのです。そしてそのように生きることが神の喜びたもうことであり、世俗の生活、日常の生活、社会生活で、イエス・キリストの愛と赦しに生かされているものとして生きていくこと、世俗の中で神を愛し、人を愛していこうとすること、これがキリスト者の礼拝だと言っています。

これは驚くべき言葉ですね。この日常のなにげない行為こそ神への礼拝だと言うのです。そしてそのとき私たちの心（ヌース）は変えられるのです。

ここで「ヌース」は一般に「理性」と訳されますが、これは普通の人の、またこの世の理性とは必ずしも一致しません。一致することはもちろんありますが、キリスト者は自分の罪を深く知り、この世の理性ではおかしいとしか思えない神の意志、十字架上の愛において示されたような、人の思いを超えた神の愛の意志を知ること、これが心を変えられることです。

パウロは福音において神の意志を読み取る――しかもその時々に、具体的に、その時の情況において示される神の意志を読み取る――力、すべてのことにおいて冷静に考え、正しく判断し、神の意志を求めて行く力（ヌース）を与えられるとパウロは言っています。だからキリスト者の判断は、この世の判断と一致することも、しないこともあります。

神学者カール・バルトは、「正しい信仰は私たちをしらふ（冷静）にする」と言っています。私たち人間は何かに――それが宗教であっても――酔う傾向があります。しかし正しい信仰は、福音をたえず見つめること、それを通して神の意志を探り、それによってしらふにされ、冷静にされると言うのです。今日のキリスト者、教会はどうでしょうか。深い反省が強いられているように思います。

（二〇〇六年七月二三日）

復讐は私のすること

ローマの信徒への手紙一二章9―21節

9―21節は、決して単に個人の愛の理想的な姿をえがこうとしたものではありません。あくまで3―8節の続きであって、正しい教会の交わりとキリストの身体の建設を求めているものです。でないとこの箇所は多くの場合、律法的に捉えられ、またはセンチメンタルな愛というものの次元で考えられるでしょう。ここではあくまでイエス・キリストの十字架の愛の業、神の私たち罪人の赦しとこの世との神の和解というものにのみ根ざした教会とその中の一人一人の存在――律法と罪の支配からキリストの自由の世界に移された――のあり方がここで問われています。

9節の、偽りがあってはならず、悪を憎み、善から離れないという愛は、第一コリント一三・6を根底にしています。愛は真理（真実）を愛し、悪――つまり正しくないもの――を憎み、離れるのです。ですから教会内における間違った行動、教会の秩序存在をおびやかす言動、社会の中――教会も社会――での秩序ある正しい人間関係――上の人を尊敬し、同僚に対し礼儀を失せず、誠実であるなどのこと――を破壊する低劣な一切の言動を否定する愛を意味しています。

それゆえ日本人がともすれば流されやすい、浪花節的愛とかセンチメンタルな、まあまあなあなあの寛大さではありません。あくまでキリストにおける神の愛に根ざした、つまり福音信仰を媒介とした兄弟愛であって、日本人のなれなれしい、仲間同士的、情緒的な愛ではありません。したがってお互いに厳しい常識と秩序を伴うものであることを忘れてはならないでしょう。そこからのみ相手を自分よりすぐれたものとし、自らを不当に高しとしない態度が生まれてくるでしょう。

「怠らず励み」は、自分の本分に対する熱心において怠惰にならないという意味です。教会員一人一人に与えられた恵みによる賜物、タレントを正しく行使しなさいという意味です。「霊に燃えて、主に仕える」ということも、同じことを意味しています。一番よくないのは生ぬるい、ということですから。熱くも冷たくもなく生ぬるい。私たちは自分の力にたよるとき、自分を過信するときそのようになりやすいのです。希望、苦難、祈り、これは決して一般論でパウロは言っていません。

あくまで終末論的に、世の終わりの再臨と、その前提である患難時代が始まっているという状況をパウロは厳しく考えています。それゆえ希望とは、漠然たる希望や楽観的な感情ではありません。はっきりとパウロは世の終わりの近きを信じ、患難と迫害の中でこの希望を教えているのです。そして苦難をたえしのび、そのために祈り続けることを求めています。

13節は、当時貧しい伝道者――パウロのような――が各地を放浪し、教会に立ち寄って援助を求めることが多かった事情があります。当時の宿屋は危険でしたから。

14節の「あなたがたを迫害する者」とは、言うまでもなく当時迫害が始まっていたことによります。その迫害する者に対して、怒ったり、軽蔑してはよいが、「呪ってはなりません」と言うのです。呪うということは相手の亡びを神に祈ることですから。

しかしそのような人に祝福を祈ることは困難なことですね。まして、「喜ぶ人と共に喜ぶ」ことはキリスト者であっても人間にはできないことです。悲しむ者を同情し共に悲しむことはそう難しいことではないでしょうが、自分の好きでない、喜ぶ人をねたまず心から喜ぶことは、自然の人間にできることではありません。私たちキリスト者でも、自分はそれができると本心から言いうる人はいるでしょうか。

それはただ、主イエスからの全き愛と赦しに基づいた約束としてだけ、私たちに実現するのです。それはただただ神の業であり、恵みの賜物であり、奇跡であり、約束なのです。この約束をひたすら信じ抜くことが私たちに憐れみをもって求められています。

17、18節は個人の問題のみでなく、集団、社会、国の問題でもあります。平和の尊さを説きながら、その手段として戦争を重要視しているのが今のアメリカ、ブッシュ大統領、保守キリスト教会ではないでしょうか。憎しみは憎しみを生みます。イラクはその証明です。正義、正しさ、公平は大切です。そのためあたう限り他者を理解し、尊重し、平和的手段を求めることが今日ほど痛切に求められている時はありません。

これに関連して復讐の問題がここで問われています。ここで言われていることはまあまあ、なあなあ、水に流そうといったことが求められているのではありません。悪がまかり通る世はなくさなければなりません。神の正しい裁きは必要なのです。ただ憎しみの感情に基づく復讐の愚かさがここで問われています。

私は最近忙しい中で、昔読んだ『モンテ・クリスト伯』という小説を読みなおしました。これは岩波文庫七巻（各巻は約四〇〇ページ）に及ぶ厖大な小説です。愉しみのため読み始めたのですが、これは単なる壮大な復讐物語でないことがよく分かりました。この本では人間の生《なま》の姿と信仰のたたかいが問われています。忠臣蔵とは違うのです。

主人公エドモン・ダンテスは若い船乗りで、有能かつ人々に愛され、人望あつい青年です。次期船長と皆考えています。それを一人の男がねたみ、ダンテスを次期船長から追い落とそうとたくらみました。ちょうどダンテスには恋人がおり、間もなく結婚式を挙げることになっていました。それに横恋慕している一人の男がいました。彼は彼女をダンテスから奪い自分のものにしたかったのです。この二人の男は共謀し、ダンテスがエルバ島に流されているナポレオン一世とひそかに結び、現在の王を倒そうとしているという嘘の手紙を書き、この手紙を恋仇に警察にもちこませ、結婚式の式場でダンテスは逮捕され、調べられもせず最も恐ろしい牢獄の、その中で最も恐ろしい地下牢に投げこまれるのです。そこで一四年絶望の中で暮らしました。

ところが不思議なめぐり合わせで、脱獄を図り間違ってダンテスの部屋に入りこんでしまった一人の神父と出会います。この神父もだまされ、無実の罪を着せられて投獄され二十数年経っていました。この神父は悪人たちが横領しようとした莫大な財産の隠し場所をダンテスに教えます。そしてやがて病で死ぬのですが、死の直前、自分と入れかわり、死体として袋に入って墓に葬られ、そこから脱出することを教えるのです。

かくして奇跡的に脱出したダンテスは、主犯が金と地位を得、金貸しの男爵としていばっていること、また恋仇が自分の恋人と結婚し、これも悪事を重ねて将軍に出世していること、また不正を知りながら莫大な謝礼に目がくらんでダンテスを有罪とし、最も恐ろしい刑罰を課した検事が出世して検事総長になっていることを知ります。

ここから復讐が始まるのですが、ダンテスは彼らの所業に正当な報いを与えることを神から命じられていると信じるのです。彼は彼らの多くの悪業をあばき、最後は彼らと出会うのです。一人は自殺し、一人は気が狂います。そして主犯の男も追いつめられます。しかしこのときダンテスは自分も神の前に罪人であり、復讐が本当の解決ではないことを深く反省するのです。そして主犯を最後に追いつめながら赦すのです。

この壮大な小説を読みつつ、復讐という問題の深刻さ、複雑なことを感じさせられました。私たちは「復讐するな」を、律法としてでなく深く捉えなければならないのです。

（二〇〇六年九月一七日）

パウロの現実感覚と正義へのまなざし

ローマの信徒への手紙一三章1―7節

この箇所を私たちはどう理解したらよいでしょうか。パウロはこの世の王や政府や政治を文字通り神の秩序として絶対視しているのでしょうか。そのような理解は間違いです。ここでの根本問題は、当時のグノーシス派による間違った教説――信仰は心と霊的体験の問題であって、この世に積極的にかかわることではないという、一部のグノーシス的信仰――に対する強い反対であることを忘れてはなりません。正しい信仰は心の問題だけでなく、この世の日常生活において信仰によって行動することを大切にするものです。

この意味において、パウロは権威への服従を説いています。間違った信仰はこの世での無秩序をまねきやすいからです。その意味でパウロは常識的にこの世の上下関係と秩序を神から与えられたものとして尊重しました。その点パウロは極めて現実感覚のある人でした。それがまた彼を誤解させるもとになりました。

パウロはひたすら上の権威に屈従し、それへの批判をしなかったという非難があります。例えば奴隷制廃止への積極的態度と行動をしなかったという非難です。確かに彼は当時の上下関係の感覚を持ち、そして行動し、教えました。そこには今日からすれば間違いもあります。例えば第一コリント一四・29―36。ここでもパウロは秩序を重んじ教えましたが、婦人の問題は今日の感覚からすれば間違っているでしょう。奴隷制度についても、当時の状況をくつがえすような主張を彼はしません。それはこの世に混乱をもたらし、またキリスト教会が迫害されることを知っていたからです。

彼はとても現実感覚の鋭い人でした。例えば第一コリント七・20―24です。ここでパウロは奴隷制廃止よりも、神とキリストの前での平等に重点を置いています。ガラテヤ三・26―29です。これらの言葉自身、当時においては考えられない革命的な言葉でした。この根本態度が後に奴隷制をくつがえす力になりました。人によってパウロが奴隷制をあらためようとしたと強調し、第一コリント七・21の「そのままでいなさい」を「それを変えなさい」と読む人がいます。それは間違っています。

パウロの態度はパウロの信仰の全体的背景から理解しなければなりません。パウロの根本問題は、律法の支配からキリストの自由の支配への転換という福音の理解です。これについて彼は絶対に妥協しませんでした。しかしこの世の日常生活と秩序ある生活については彼は驚くほど現実的なのです。

しかし誤解してはならないことは、彼は決してそのような間違った制度に賛成し、肯定したのではありません。彼の態度の根底にあるのは、世の終わりが近いという彼の強い信念でした。やがて終わりと救いが来る。今はその中間の時だ、忍耐の時だと考えていたからです。特に奴隷制についてはそうです。決してそれを認めたわけではありません。むしろパウロは初めに述べたように、キリスト者は信仰を心の問題だけにとどめるのでなく、この世の生活の中に生かすことを強く説きました。

それゆえ現代的に言えば、パウロはキリスト者の正しい政治活動の基礎をつくったといってもよいでしょう。例えばアメリカでマーティン・ルーサー・キングは、社会不正と差別に対し、福音への信仰から反対し運動をしたのです。それに対し有名な保守的伝道者ビリー・グラハムは、そのようなことは一切しませんでした。むしろ批判的でした。ただ生まれ変わりの信仰を説き、個々人の道徳的聖化を強く説いたのです。しかしそれが今日大きなわざわいとなっています。今日アメリカで最も政治に関与しようとしているのはキリスト教右派と言われる人々です。ビリー・グラハムの系統です。しかしその運動は社会正義や差別撤廃に向けられていません。ただもっぱら道徳を問題にするのです。それも一面的道徳です。妊娠中絶を殺人として法律で裁くことを主張し、また同性婚を法律で禁じ裁くことを主張し、それを大統領選挙の争点とするのです。

これが正しい政治への関与でしょうか。彼らはイラク戦争に賛成し、イスラエルを擁護し、国が貧しい者を税金で助けることを、なまけ者を増長させることだと反対しています。これが今のアメリカのキリスト教の大きな問題です。福音の根本に立ち、パウロの福音信仰の理解に目を向けるならば、そのような態度主張は出てこないでしょう。

パウロの信仰には強い現実感覚と共に、最もラディカルな政治や社会への正義と愛を求める精神があることを、私たちは忘れてはならないでしょう。

（二〇〇八年一〇月八日）

あとがき

本書は、私の長い牧会を記念するものです。キリスト教書の出版が極めて困難な時代にもかかわらず、出版して下さった教文館社長渡部満氏の長年にわたる友情に深く感謝いたします。また本書はこれまでの諸書とちがって、私の二人の孫娘、喜田川かおり（早大出身）と喜田川ひろか（ＩＣＵ出身）が多忙の中で、また初めての困難さにもかかわらず、原稿起こしを引き受けてくれ、これほどうれしいことはありません。更に、不完全な原稿にもかかわらず、それを編集、校正して下さった教文館出版部の髙橋真人氏のご厚意に対し、深く感謝するものです。

本書が日本に福音を植え込む一助となるならば何とうれしいことでしょうか。それを切に祈っています。

喜田川　信

《著者紹介》
喜田川信（きたがわ・しん）
慶應義塾大学文学部哲学科を経て、同志社大学神学部を卒業後、北米パサデナ大学入学、フラー神学校に留学。1967-68年ドイツ・チュービンゲン大学に留学。日本ナザレン神学校教授を経て、現在、東京ミッション研究所研究理事、学校法人霞ヶ丘学園霞ヶ丘幼稚園理事長、横浜ナザレン教会牧師。
著書　『説教による旧約思想入門』『地上を歩く神――ヨハネ福音書の思想と信仰』『新しい共同体と日本』『現代ヨーロッパ神学の根本問題』『救済の歴史としての福音――ルカ福音書・使徒言行録講解説教』『バルト神学の真髄』（以上教文館）、『キェルケゴールと現代の神学』『希望の神――ローマ書による』『神の国は近づいた』『身体性と神学』『福音の土台――コリント人への手紙による説教』『神・キリスト・悪――現代キリスト教思想の問題点』（以上新教出版社）、『歴史化の神学』『アダムとわれら――創世記講解』『歴史を導く神――バルトとモルトマン』（以上ヨルダン社）他。
訳書　ボルンカム／モルトマン他『現代に生きる使徒信条』、モルトマン『神学の展望』（共訳）『存在の喜びの神学』『十字架につけられた神』（共訳）『聖霊の力における教会』（共訳）（以上新教出版社）、J. バー『ファンダメンタリズム――その聖書解釈と教理』（共訳）（ヨルダン社）他。

約束の言葉への信仰　ローマ書講解説教

2016年5月30日　初版発行

著　者　喜田川信
発行者　渡部　満
発行所　株式会社　教文館
〒104-0061　東京都中央区銀座4-5-1
電話 03(3561)5549　FAX 03(5250)5107
URL http://www.kyobunkwan.co.jp/publishing/
印刷所　株式会社　平河工業社

配給元　日キ販　〒162-0814　東京都新宿区新小川町9-1
電話 03(3260)5670　FAX 03(3260)5637

ISBN 978-4-7642-6113-6　Printed in Japan